Schreib mir noch was

Die Fortsetzung von „Schreib mir was", dem beliebten Freundebuch für Erwachsene

Ein Bild von mir

Hallo liebe Freunde,

dieses Buch wird noch eine schöne Erinnerung an unsere Freundschaft. Egal, ob wir in Zukunft viel, wenig oder gar keinen Kontakt haben werden. Niemand weiß, wie das Leben noch spielt. Doch egal was kommt, die Erinnerung bleibt.

Jedem von euch stehen 4 Seiten zur Verfügung. Tobt Euch aus und ich hoffe ihr habt genauso viel Freude am Ausfüllen, wie ich am Lesen. Gerne dürft ihr eure Seiten auch bunt gestalten und bekleben, um ein einzigartiges Kunstwerk aus diesem Buch zu machen.

VIEL SPASS

Name: Heutiges Datum:

Geburtstag:

Bist du verheiratet?

Hast du Kinder? Wenn nicht, möchtest du welche?

Was wolltest du als Kind werden und warum?

Welche ist deine persönliche Sucht:

Was ist dein Lebensmotto:

Lieblingsfarbe:

Tee oder Kaffee:

Lieblingsbuch: Fahrstuhl oder Treppe:

Zelten oder Hotel?

Fleisch- oder Pflanzenfresser?

> Hier ist Platz
>
> für ein Bild von dir.
>
> Klebst du keines ein,
>
> werde ich ein richtig
>
> fieses finden und
>
> für dich einkleben.

Hast du einen grünen Daumen?

Kennst du noch Flitze Feuerzahn oder Grisu? Wenn ja, wen magst du lieber?

Schmierst du Butter unter die Leberwurst?

Bist du eher ein Spießer oder ausgeflippt?

Bist du handwerklich begabt?

Belege deine Pizza:

Dein gemaltes Bild für mich (lege ein Blatt unter, falls du Filzstifte nimmst):

Wie viele Schuhe besitzt du?

Gehst du lieber einen kurzen steinigen oder einen langen gemütlichen Weg?

Hast du ein unnötiges Zeitungsabo?

Deine aktuelle Haarfarbe?

Welche Eigenschaften hast du aus der Jugend übernommen?

Legst du bei Werbeanrufen auf oder hörst du dir an, was angeboten wird?

Was gibst du mir mit für die Zukunft?

Name: Heutiges Datum:

Geburtstag:

Bist du verheiratet?

Hast du Kinder? Wenn nicht, möchtest du welche?

Was wolltest du als Kind werden und warum?

Welche ist deine persönliche Sucht:

Was ist dein Lebensmotto:

Lieblingsfarbe:

Tee oder Kaffee:

Lieblingsbuch: Fahrstuhl oder Treppe:

Zelten oder Hotel?

Fleisch- oder Pflanzenfresser?

> Hier ist Platz für ein Bild von dir. Klebst du keines ein, werde ich ein richtig fieses finden und für dich einkleben.

Hast du einen grünen Daumen?

Kennst du noch Flitze Feuerzahn oder Grisu? Wenn ja, wen magst du lieber?

Schmierst du Butter unter die Leberwurst?

Bist du eher ein Spießer oder ausgeflippt?

Bist du handwerklich begabt?

Belege deine Pizza:

Dein gemaltes Bild für mich (lege ein Blatt unter, falls du Filzstifte nimmst):

Wie viele Schuhe besitzt du?

Gehst du lieber einen kurzen steinigen oder einen langen gemütlichen Weg?

Hast du ein unnötiges Zeitungsabo?

Deine aktuelle Haarfarbe?

Welche Eigenschaften hast du aus der Jugend übernommen?

Legst du bei Werbeanrufen auf oder hörst du dir an, was angeboten wird?

Was gibst du mir mit für die Zukunft?

Name: Heutiges Datum:

Geburtstag:

Bist du verheiratet?

Hast du Kinder? Wenn nicht, möchtest du welche?

Was wolltest du als Kind werden und warum?

Welche ist deine persönliche Sucht:

Was ist dein Lebensmotto:

Lieblingsfarbe:

Tee oder Kaffee:

Lieblingsbuch: Fahrstuhl oder Treppe:

Zelten oder Hotel?

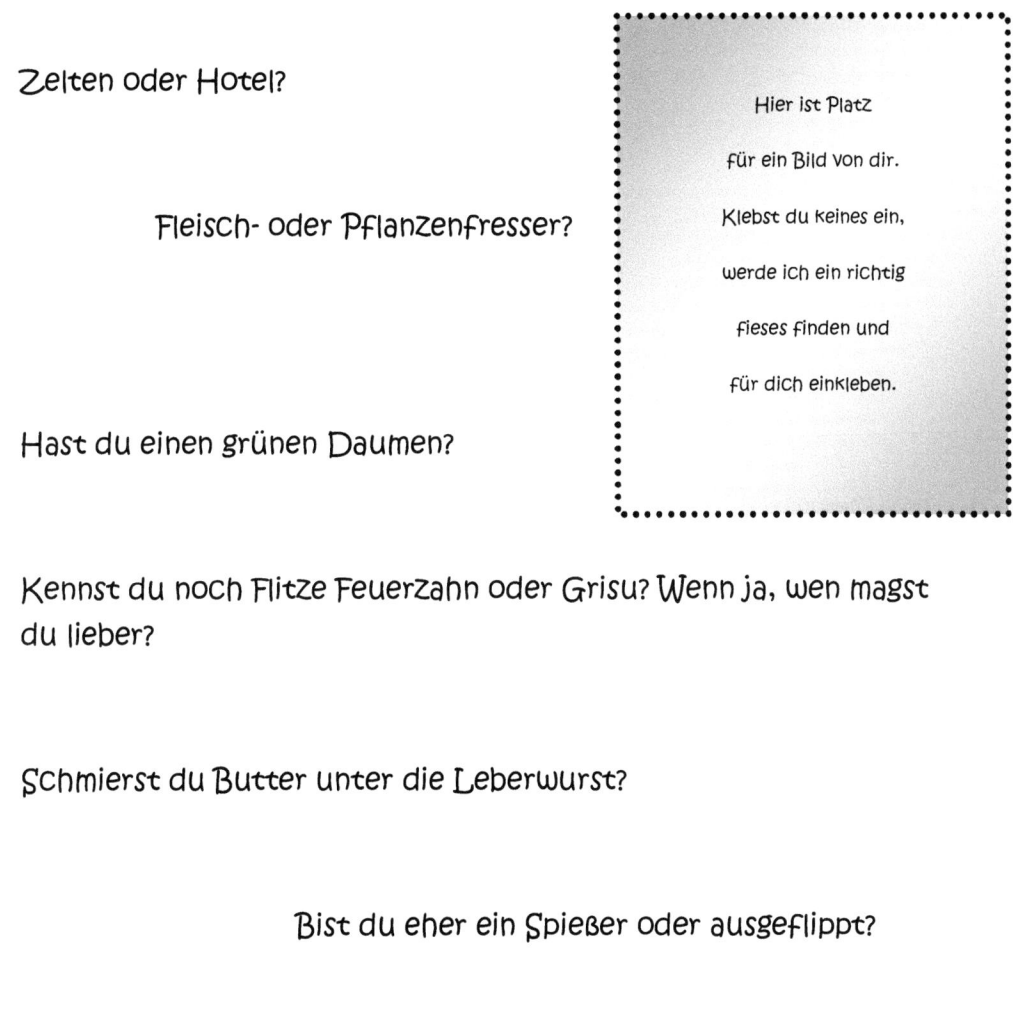

Hier ist Platz für ein Bild von dir. Klebst du keines ein, werde ich ein richtig fieses finden und für dich einkleben.

Fleisch- oder Pflanzenfresser?

Hast du einen grünen Daumen?

Kennst du noch Flitze Feuerzahn oder Grisu? Wenn ja, wen magst du lieber?

Schmierst du Butter unter die Leberwurst?

Bist du eher ein Spießer oder ausgeflippt?

Bist du handwerklich begabt?

Belege deine Pizza:

Dein gemaltes Bild für mich (lege ein Blatt unter, falls du Filzstifte nimmst):

Wie viele Schuhe besitzt du?

Gehst du lieber einen kurzen steinigen oder einen langen gemütlichen Weg?

Hast du ein unnötiges Zeitungsabo?

Deine aktuelle Haarfarbe?

Welche Eigenschaften hast du aus der Jugend übernommen?

Legst du bei Werbeanrufen auf oder hörst du dir an, was angeboten wird?

Was gibst du mir mit für die Zukunft?

Name: Heutiges Datum:

Geburtstag:

Bist du verheiratet?

Hast du Kinder? Wenn nicht, möchtest du welche?

Was wolltest du als Kind werden und warum?

Welche ist deine persönliche Sucht:

Was ist dein Lebensmotto:

Lieblingsfarbe:

Tee oder Kaffee:

Lieblingsbuch: Fahrstuhl oder Treppe:

Zelten oder Hotel?

Fleisch- oder Pflanzenfresser?

> Hier ist Platz
>
> für ein Bild von dir.
>
> Klebst du keines ein,
>
> werde ich ein richtig
>
> fieses finden und
>
> für dich einkleben.

Hast du einen grünen Daumen?

Kennst du noch Flitze Feuerzahn oder Grisu? Wenn ja, wen magst du lieber?

Schmierst du Butter unter die Leberwurst?

Bist du eher ein Spießer oder ausgeflippt?

Bist du handwerklich begabt?

Belege deine Pizza:

Dein gemaltes Bild für mich (lege ein Blatt unter, falls du Filzstifte nimmst):

Wie viele Schuhe besitzt du?

Gehst du lieber einen kurzen steinigen oder einen langen gemütlichen Weg?

Hast du ein unnötiges Zeitungsabo?

Deine aktuelle Haarfarbe?

Welche Eigenschaften hast du aus der Jugend übernommen?

Legst du bei Werbeanrufen auf oder hörst du dir an, was angeboten wird?

Was gibst du mir mit für die Zukunft?

Name:	Heutiges Datum:

Geburtstag:

Bist du verheiratet?

Hast du Kinder? Wenn nicht, möchtest du welche?

Was wolltest du als Kind werden und warum?

Welche ist deine persönliche Sucht:

Was ist dein Lebensmotto:

Lieblingsfarbe:

Tee oder Kaffee:

Lieblingsbuch:	Fahrstuhl oder Treppe:

Zelten oder Hotel?

Fleisch- oder Pflanzenfresser?

> Hier ist Platz
>
> für ein Bild von dir.
>
> Klebst du keines ein,
>
> werde ich ein richtig
>
> fieses finden und
>
> für dich einkleben.

Hast du einen grünen Daumen?

Kennst du noch Flitze Feuerzahn oder Grisu? Wenn ja, wen magst du lieber?

Schmierst du Butter unter die Leberwurst?

Bist du eher ein Spießer oder ausgeflippt?

Bist du handwerklich begabt?

Belege deine Pizza:

Dein gemaltes Bild für mich (lege ein Blatt unter, falls du Filzstifte nimmst):

Wie viele Schuhe besitzt du?

Gehst du lieber einen kurzen steinigen oder einen langen gemütlichen Weg?

Hast du ein unnötiges Zeitungsabo?

Deine aktuelle Haarfarbe?

Welche Eigenschaften hast du aus der Jugend übernommen?

Legst du bei Werbeanrufen auf oder hörst du dir an, was angeboten wird?

Was gibst du mir mit für die Zukunft?

Name: Heutiges Datum:

Geburtstag:

Bist du verheiratet?

Hast du Kinder? Wenn nicht, möchtest du welche?

Was wolltest du als Kind werden und warum?

Welche ist deine persönliche Sucht:

Was ist dein Lebensmotto:

Lieblingsfarbe:

Tee oder Kaffee:

Lieblingsbuch: Fahrstuhl oder Treppe:

Zelten oder Hotel?

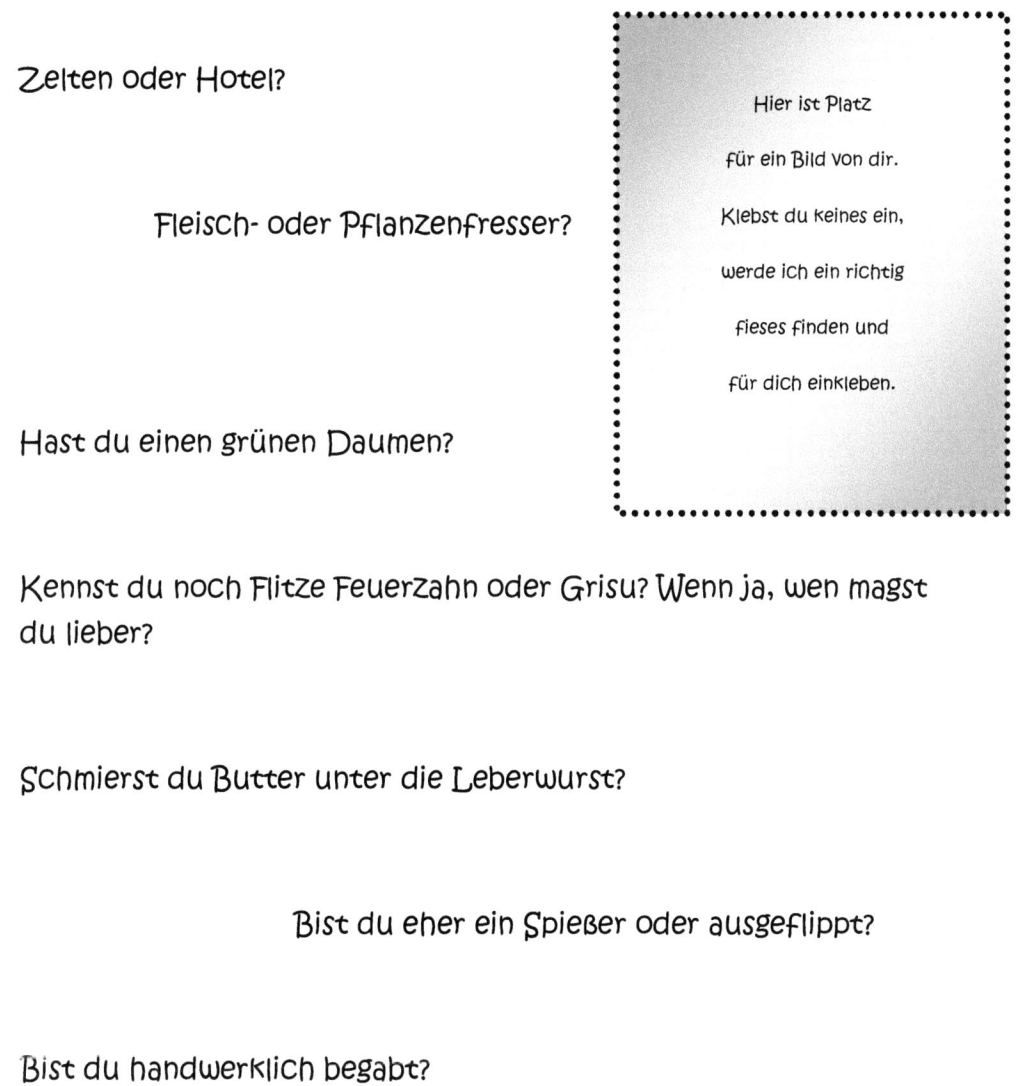

Hier ist Platz für ein Bild von dir. Klebst du keines ein, werde ich ein richtig fieses finden und für dich einkleben.

Fleisch- oder Pflanzenfresser?

Hast du einen grünen Daumen?

Kennst du noch Flitze Feuerzahn oder Grisu? Wenn ja, wen magst du lieber?

Schmierst du Butter unter die Leberwurst?

Bist du eher ein Spießer oder ausgeflippt?

Bist du handwerklich begabt?

Belege deine Pizza:

Dein gemaltes Bild für mich (lege ein Blatt unter, falls du Filzstifte nimmst):

Wie viele Schuhe besitzt du?

Gehst du lieber einen kurzen steinigen oder einen langen gemütlichen Weg?

Hast du ein unnötiges Zeitungsabo?

Deine aktuelle Haarfarbe?

Welche Eigenschaften hast du aus der Jugend übernommen?

Legst du bei Werbeanrufen auf oder hörst du dir an, was angeboten wird?

Was gibst du mir mit für die Zukunft?

Name: Heutiges Datum:

Geburtstag:

Bist du verheiratet?

Hast du Kinder? Wenn nicht, möchtest du welche?

Was wolltest du als Kind werden und warum?

Welche ist deine persönliche Sucht:

Was ist dein Lebensmotto:

Lieblingsfarbe:

Tee oder Kaffee:

Lieblingsbuch: Fahrstuhl oder Treppe:

Zelten oder Hotel?

Fleisch- oder Pflanzenfresser?

> Hier ist Platz
>
> für ein Bild von dir.
>
> Klebst du keines ein,
>
> werde ich ein richtig
>
> fieses finden und
>
> für dich einkleben.

Hast du einen grünen Daumen?

Kennst du noch Flitze Feuerzahn oder Grisu? Wenn ja, wen magst du lieber?

Schmierst du Butter unter die Leberwurst?

Bist du eher ein Spießer oder ausgeflippt?

Bist du handwerklich begabt?

Belege deine Pizza:

Dein gemaltes Bild für mich (lege ein Blatt unter, falls du Filzstifte nimmst):

Wie viele Schuhe besitzt du?

Gehst du lieber einen kurzen steinigen oder einen langen gemütlichen Weg?

Hast du ein unnötiges Zeitungsabo?

Deine aktuelle Haarfarbe?

Welche Eigenschaften hast du aus der Jugend übernommen?

Legst du bei Werbeanrufen auf oder hörst du dir an, was angeboten wird?

Was gibst du mir mit für die Zukunft?

Name:	Heutiges Datum:

Geburtstag:

Bist du verheiratet?

Hast du Kinder? Wenn nicht, möchtest du welche?

Was wolltest du als Kind werden und warum?

Welche ist deine persönliche Sucht:

Was ist dein Lebensmotto:

Lieblingsfarbe:

Tee oder Kaffee:

Lieblingsbuch:	Fahrstuhl oder Treppe:

Zelten oder Hotel?

Fleisch- oder Pflanzenfresser?

> Hier ist Platz für ein Bild von dir. Klebst du keines ein, werde ich ein richtig fieses finden und für dich einkleben.

Hast du einen grünen Daumen?

Kennst du noch Flitze Feuerzahn oder Grisu? Wenn ja, wen magst du lieber?

Schmierst du Butter unter die Leberwurst?

Bist du eher ein Spießer oder ausgeflippt?

Bist du handwerklich begabt?

Belege deine Pizza:

Dein gemaltes Bild für mich (lege ein Blatt unter, falls du Filzstifte nimmst):

Wie viele Schuhe besitzt du?

Gehst du lieber einen kurzen steinigen oder einen langen gemütlichen Weg?

Hast du ein unnötiges Zeitungsabo?

Deine aktuelle Haarfarbe?

Welche Eigenschaften hast du aus der Jugend übernommen?

Legst du bei Werbeanrufen auf oder hörst du dir an, was angeboten wird?

Was gibst du mir mit für die Zukunft?

Name: Heutiges Datum:

Geburtstag:

Bist du verheiratet?

Hast du Kinder? Wenn nicht, möchtest du welche?

Was wolltest du als Kind werden und warum?

Welche ist deine persönliche Sucht:

Was ist dein Lebensmotto:

Lieblingsfarbe:

Tee oder Kaffee:

Lieblingsbuch: Fahrstuhl oder Treppe:

Zelten oder Hotel?

Fleisch- oder Pflanzenfresser?

> Hier ist Platz für ein Bild von dir. Klebst du keines ein, werde ich ein richtig fieses finden und für dich einkleben.

Hast du einen grünen Daumen?

Kennst du noch Flitze Feuerzahn oder Grisu? Wenn ja, wen magst du lieber?

Schmierst du Butter unter die Leberwurst?

Bist du eher ein Spießer oder ausgeflippt?

Bist du handwerklich begabt?

Belege deine Pizza:

Dein gemaltes Bild für mich (lege ein Blatt unter, falls du Filzstifte nimmst):

Wie viele Schuhe besitzt du?

Gehst du lieber einen kurzen steinigen oder einen langen gemütlichen Weg?

Hast du ein unnötiges Zeitungsabo?

Deine aktuelle Haarfarbe?

Welche Eigenschaften hast du aus der Jugend übernommen?

Legst du bei Werbeanrufen auf oder hörst du dir an, was angeboten wird?

Was gibst du mir mit für die Zukunft?

Name: Heutiges Datum:

Geburtstag:

Bist du verheiratet?

Hast du Kinder? Wenn nicht, möchtest du welche?

Was wolltest du als Kind werden und warum?

Welche ist deine persönliche Sucht:

Was ist dein Lebensmotto:

Lieblingsfarbe:

Tee oder Kaffee:

Lieblingsbuch: Fahrstuhl oder Treppe:

Zelten oder Hotel?

Fleisch- oder Pflanzenfresser?

> Hier ist Platz für ein Bild von dir. Klebst du keines ein, werde ich ein richtig fieses finden und für dich einkleben.

Hast du einen grünen Daumen?

Kennst du noch Flitze Feuerzahn oder Grisu? Wenn ja, wen magst du lieber?

Schmierst du Butter unter die Leberwurst?

Bist du eher ein Spießer oder ausgeflippt?

Bist du handwerklich begabt?

Belege deine Pizza:

Dein gemaltes Bild für mich (lege ein Blatt unter, falls du Filzstifte nimmst):

Wie viele Schuhe besitzt du?

Gehst du lieber einen kurzen steinigen oder einen langen gemütlichen Weg?

Hast du ein unnötiges Zeitungsabo?

Deine aktuelle Haarfarbe?

Welche Eigenschaften hast du aus der Jugend übernommen?

Legst du bei Werbeanrufen auf oder hörst du dir an, was angeboten wird?

Was gibst du mir mit für die Zukunft?

Name: Heutiges Datum:

Geburtstag:

Bist du verheiratet?

Hast du Kinder? Wenn nicht, möchtest du welche?

Was wolltest du als Kind werden und warum?

Welche ist deine persönliche Sucht:

Was ist dein Lebensmotto:

Lieblingsfarbe:

Tee oder Kaffee:

Lieblingsbuch: Fahrstuhl oder Treppe:

Zelten oder Hotel?

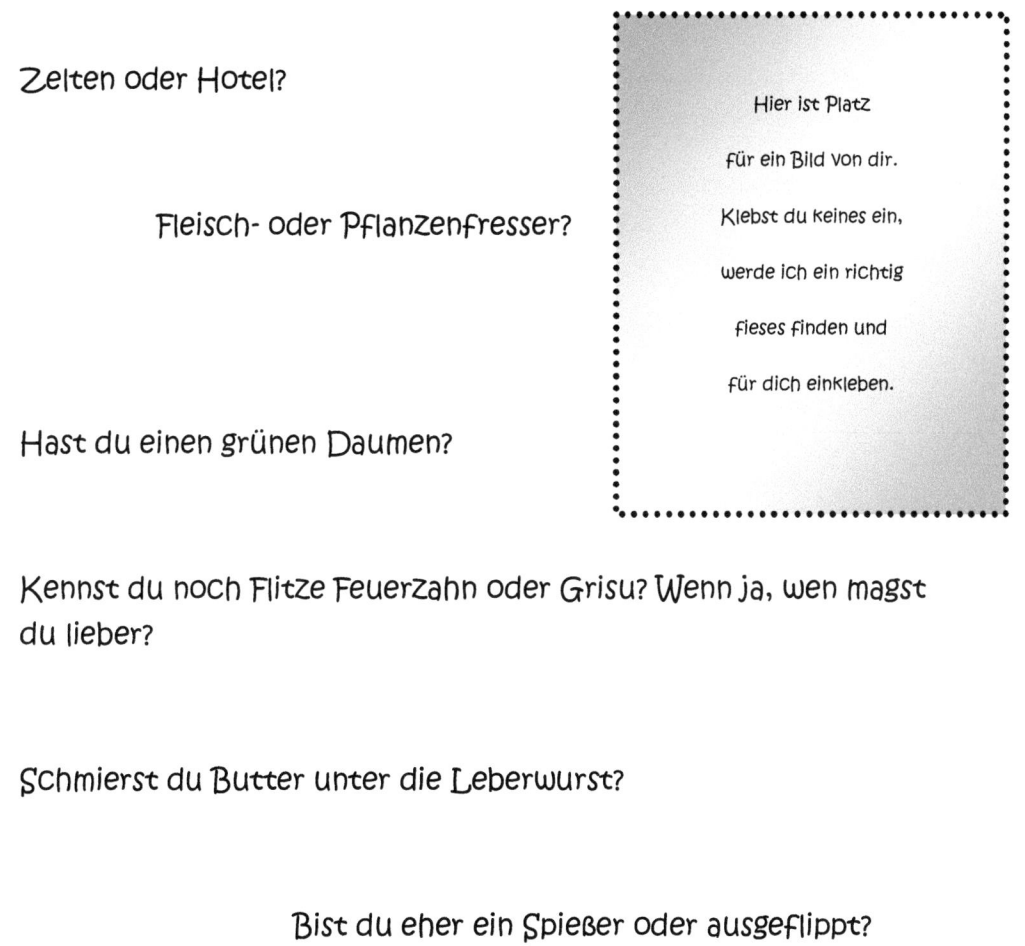

Hier ist Platz für ein Bild von dir. Klebst du keines ein, werde ich ein richtig fieses finden und für dich einkleben.

Fleisch- oder Pflanzenfresser?

Hast du einen grünen Daumen?

Kennst du noch Flitze Feuerzahn oder Grisu? Wenn ja, wen magst du lieber?

Schmierst du Butter unter die Leberwurst?

Bist du eher ein Spießer oder ausgeflippt?

Bist du handwerklich begabt?

Belege deine Pizza:

Dein gemaltes Bild für mich (lege ein Blatt unter, falls du Filzstifte nimmst):

Wie viele Schuhe besitzt du?

Gehst du lieber einen kurzen steinigen oder einen langen gemütlichen Weg?

Hast du ein unnötiges Zeitungsabo?

Deine aktuelle Haarfarbe?

Welche Eigenschaften hast du aus der Jugend übernommen?

Legst du bei Werbeanrufen auf oder hörst du dir an, was angeboten wird?

Was gibst du mir mit für die Zukunft?

Name: Heutiges Datum:

Geburtstag:

Bist du verheiratet?

Hast du Kinder? Wenn nicht, möchtest du welche?

Was wolltest du als Kind werden und warum?

Welche ist deine persönliche Sucht:

Was ist dein Lebensmotto:

Lieblingsfarbe:

Tee oder Kaffee:

Lieblingsbuch: Fahrstuhl oder Treppe:

Zelten oder Hotel?

Fleisch- oder Pflanzenfresser?

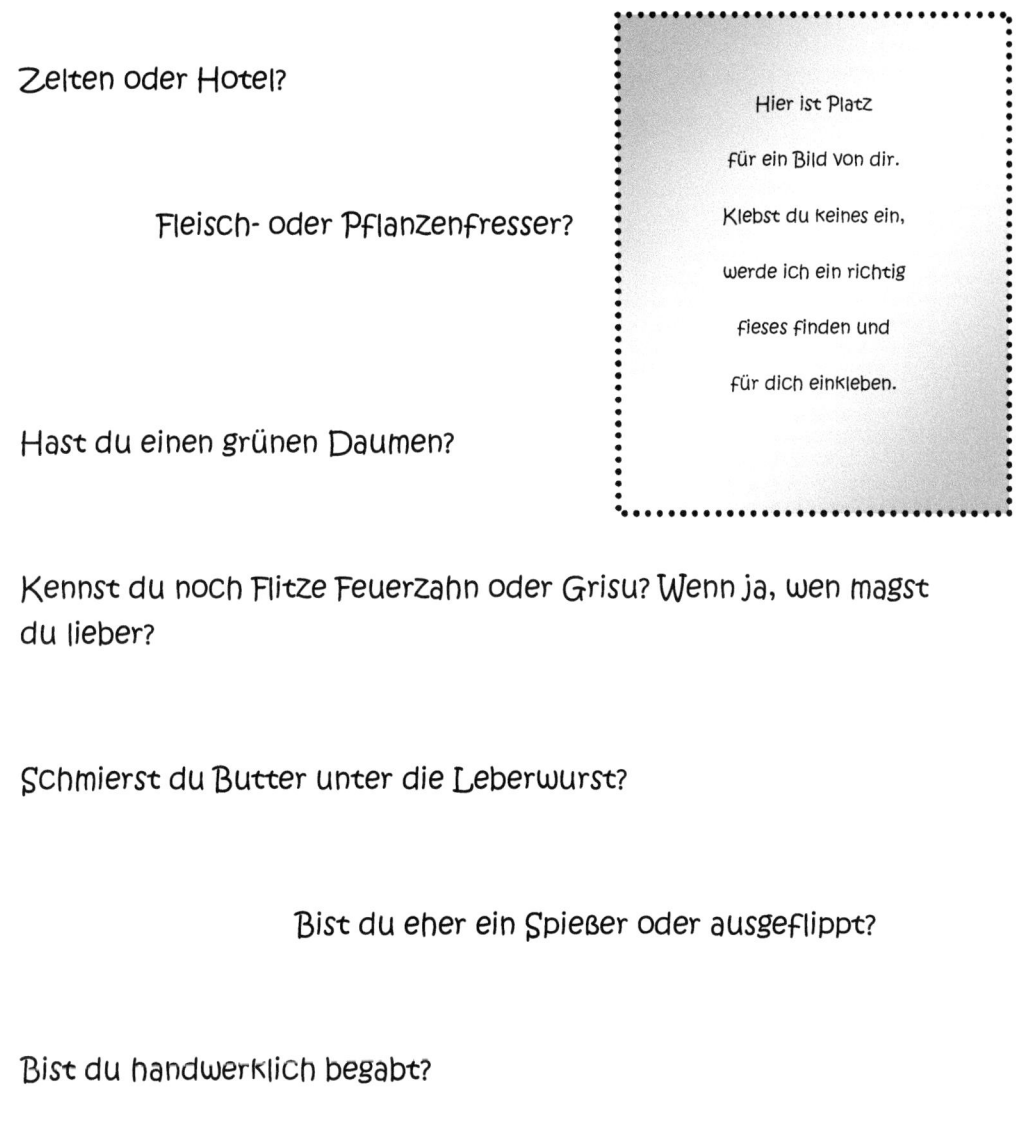

Hier ist Platz für ein Bild von dir. Klebst du keines ein, werde ich ein richtig fieses finden und für dich einkleben.

Hast du einen grünen Daumen?

Kennst du noch Flitze Feuerzahn oder Grisu? Wenn ja, wen magst du lieber?

Schmierst du Butter unter die Leberwurst?

Bist du eher ein Spießer oder ausgeflippt?

Bist du handwerklich begabt?

Belege deine Pizza:

Dein gemaltes Bild für mich (lege ein Blatt unter, falls du Filzstifte nimmst):

Wie viele Schuhe besitzt du?

Gehst du lieber einen kurzen steinigen oder einen langen gemütlichen Weg?

Hast du ein unnötiges Zeitungsabo?

Deine aktuelle Haarfarbe?

Welche Eigenschaften hast du aus der Jugend übernommen?

Legst du bei Werbeanrufen auf oder hörst du dir an, was angeboten wird?

Was gibst du mir mit für die Zukunft?

Name: Heutiges Datum:

Geburtstag:

Bist du verheiratet?

Hast du Kinder? Wenn nicht, möchtest du welche?

Was wolltest du als Kind werden und warum?

Welche ist deine persönliche Sucht:

Was ist dein Lebensmotto:

Lieblingsfarbe:

Tee oder Kaffee:

Lieblingsbuch: Fahrstuhl oder Treppe:

Zelten oder Hotel?

Fleisch- oder Pflanzenfresser?

> Hier ist Platz für ein Bild von dir. Klebst du keines ein, werde ich ein richtig fieses finden und für dich einkleben.

Hast du einen grünen Daumen?

Kennst du noch Flitze Feuerzahn oder Grisu? Wenn ja, wen magst du lieber?

Schmierst du Butter unter die Leberwurst?

Bist du eher ein Spießer oder ausgeflippt?

Bist du handwerklich begabt?

Belege deine Pizza:

Dein gemaltes Bild für mich (lege ein Blatt unter, falls du Filzstifte nimmst):

Wie viele Schuhe besitzt du?

Gehst du lieber einen kurzen steinigen oder einen langen gemütlichen Weg?

Hast du ein unnötiges Zeitungsabo?

Deine aktuelle Haarfarbe?

Welche Eigenschaften hast du aus der Jugend übernommen?

Legst du bei Werbeanrufen auf oder hörst du dir an, was angeboten wird?

Was gibst du mir mit für die Zukunft?

Name: Heutiges Datum:

Geburtstag:

Bist du verheiratet?

Hast du Kinder? Wenn nicht, möchtest du welche?

Was wolltest du als Kind werden und warum?

Welche ist deine persönliche Sucht:

Was ist dein Lebensmotto:

Lieblingsfarbe:

Tee oder Kaffee:

Lieblingsbuch: Fahrstuhl oder Treppe:

Zelten oder Hotel?

Fleisch- oder Pflanzenfresser?

> Hier ist Platz für ein Bild von dir. Klebst du keines ein, werde ich ein richtig fieses finden und für dich einkleben.

Hast du einen grünen Daumen?

Kennst du noch Flitze Feuerzahn oder Grisu? Wenn ja, wen magst du lieber?

Schmierst du Butter unter die Leberwurst?

Bist du eher ein Spießer oder ausgeflippt?

Bist du handwerklich begabt?

Belege deine Pizza:

Dein gemaltes Bild für mich (lege ein Blatt unter, falls du Filzstifte nimmst):

Wie viele Schuhe besitzt du?

Gehst du lieber einen kurzen steinigen oder einen langen gemütlichen Weg?

Hast du ein unnötiges Zeitungsabo?

Deine aktuelle Haarfarbe?

Welche Eigenschaften hast du aus der Jugend übernommen?

Legst du bei Werbeanrufen auf oder hörst du dir an, was angeboten wird?

Was gibst du mir mit für die Zukunft?

Name: Heutiges Datum:

Geburtstag:

Bist du verheiratet?

Hast du Kinder? Wenn nicht, möchtest du welche?

Was wolltest du als Kind werden und warum?

Welche ist deine persönliche Sucht:

Was ist dein Lebensmotto:

Lieblingsfarbe:

Tee oder Kaffee:

Lieblingsbuch: Fahrstuhl oder Treppe:

Zelten oder Hotel?

> Hier ist Platz für ein Bild von dir. Klebst du keines ein, werde ich ein richtig fieses finden und für dich einkleben.

Fleisch- oder Pflanzenfresser?

Hast du einen grünen Daumen?

Kennst du noch Flitze Feuerzahn oder Grisu? Wenn ja, wen magst du lieber?

Schmierst du Butter unter die Leberwurst?

Bist du eher ein Spießer oder ausgeflippt?

Bist du handwerklich begabt?

Belege deine Pizza:

Dein gemaltes Bild für mich (lege ein Blatt unter, falls du Filzstifte nimmst):

Wie viele Schuhe besitzt du?

Gehst du lieber einen kurzen steinigen oder einen langen gemütlichen Weg?

Hast du ein unnötiges Zeitungsabo?

Deine aktuelle Haarfarbe?

Welche Eigenschaften hast du aus der Jugend übernommen?

Legst du bei Werbeanrufen auf oder hörst du dir an, was angeboten wird?

Was gibst du mir mit für die Zukunft?

Name: Heutiges Datum:

Geburtstag:

Bist du verheiratet?

Hast du Kinder? Wenn nicht, möchtest du welche?

Was wolltest du als Kind werden und warum?

Welche ist deine persönliche Sucht:

Was ist dein Lebensmotto:

Lieblingsfarbe:

Tee oder Kaffee:

Lieblingsbuch: Fahrstuhl oder Treppe:

Zelten oder Hotel?

Fleisch- oder Pflanzenfresser?

> Hier ist Platz
>
> für ein Bild von dir.
>
> Klebst du keines ein,
>
> werde ich ein richtig
>
> fieses finden und
>
> für dich einkleben.

Hast du einen grünen Daumen?

Kennst du noch Flitze Feuerzahn oder Grisu? Wenn ja, wen magst du lieber?

Schmierst du Butter unter die Leberwurst?

Bist du eher ein Spießer oder ausgeflippt?

Bist du handwerklich begabt?

Belege deine Pizza:

Dein gemaltes Bild für mich (lege ein Blatt unter, falls du Filzstifte nimmst):

Wie viele Schuhe besitzt du?

Gehst du lieber einen kurzen steinigen oder einen langen gemütlichen Weg?

Hast du ein unnötiges Zeitungsabo?

Deine aktuelle Haarfarbe?

Welche Eigenschaften hast du aus der Jugend übernommen?

Legst du bei Werbeanrufen auf oder hörst du dir an, was angeboten wird?

Was gibst du mir mit für die Zukunft?

Name: Heutiges Datum:

Geburtstag:

Bist du verheiratet?

Hast du Kinder? Wenn nicht, möchtest du welche?

Was wolltest du als Kind werden und warum?

Welche ist deine persönliche Sucht:

Was ist dein Lebensmotto:

Lieblingsfarbe:

Tee oder Kaffee:

Lieblingsbuch: Fahrstuhl oder Treppe:

Zelten oder Hotel?

> Hier ist Platz für ein Bild von dir. Klebst du keines ein, werde ich ein richtig fieses finden und für dich einkleben.

Fleisch- oder Pflanzenfresser?

Hast du einen grünen Daumen?

Kennst du noch Flitze Feuerzahn oder Grisu? Wenn ja, wen magst du lieber?

Schmierst du Butter unter die Leberwurst?

Bist du eher ein Spießer oder ausgeflippt?

Bist du handwerklich begabt?

Belege deine Pizza:

Dein gemaltes Bild für mich (lege ein Blatt unter, falls du Filzstifte nimmst):

Wie viele Schuhe besitzt du?

Gehst du lieber einen kurzen steinigen oder einen langen gemütlichen Weg?

Hast du ein unnötiges Zeitungsabo?

Deine aktuelle Haarfarbe?

Welche Eigenschaften hast du aus der Jugend übernommen?

Legst du bei Werbeanrufen auf oder hörst du dir an, was angeboten wird?

Was gibst du mir mit für die Zukunft?

Name: Heutiges Datum:

Geburtstag:

Bist du verheiratet?

Hast du Kinder? Wenn nicht, möchtest du welche?

Was wolltest du als Kind werden und warum?

Welche ist deine persönliche Sucht:

Was ist dein Lebensmotto:

Lieblingsfarbe:

Tee oder Kaffee:

Lieblingsbuch: Fahrstuhl oder Treppe:

Zelten oder Hotel?

Fleisch- oder Pflanzenfresser?

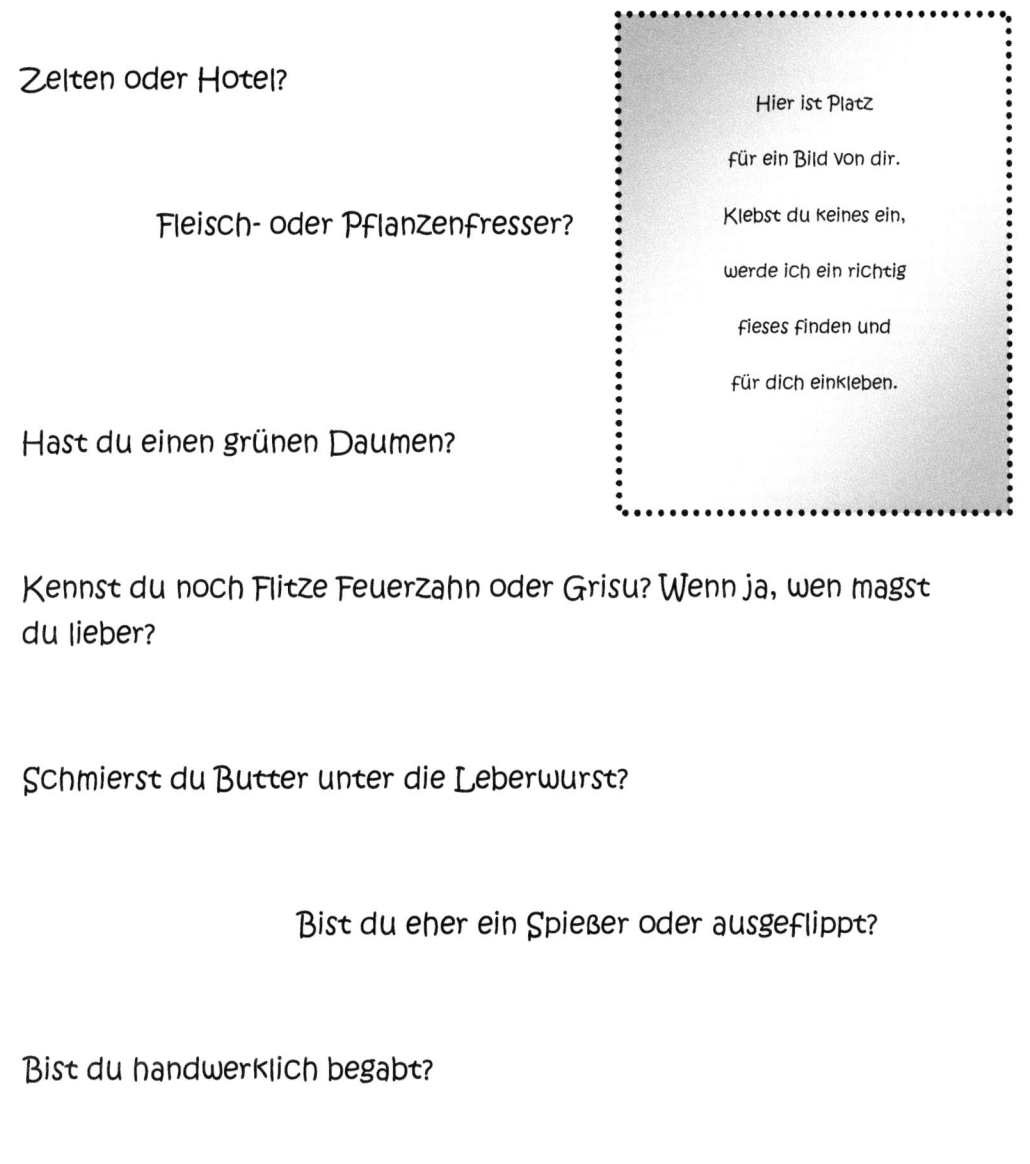

Hier ist Platz für ein Bild von dir. Klebst du keines ein, werde ich ein richtig fieses finden und für dich einkleben.

Hast du einen grünen Daumen?

Kennst du noch Flitze Feuerzahn oder Grisu? Wenn ja, wen magst du lieber?

Schmierst du Butter unter die Leberwurst?

Bist du eher ein Spießer oder ausgeflippt?

Bist du handwerklich begabt?

Belege deine Pizza:

Dein gemaltes Bild für mich (lege ein Blatt unter, falls du Filzstifte nimmst):

Wie viele Schuhe besitzt du?

Gehst du lieber einen kurzen steinigen oder einen langen gemütlichen Weg?

Hast du ein unnötiges Zeitungsabo?

Deine aktuelle Haarfarbe?

Welche Eigenschaften hast du aus der Jugend übernommen?

Legst du bei Werbeanrufen auf oder hörst du dir an, was angeboten wird?

Was gibst du mir mit für die Zukunft?

Name:　　　　　　　　　　Heutiges Datum:

Geburtstag:

Bist du verheiratet?

　　　　　Hast du Kinder? Wenn nicht, möchtest du welche?

Was wolltest du als Kind werden und warum?

Welche ist deine persönliche Sucht:

　　　　　　　　Was ist dein Lebensmotto:

Lieblingsfarbe:

　　　　　　　　　　Tee oder Kaffee:

Lieblingsbuch:　　　　　　Fahrstuhl oder Treppe:

Zelten oder Hotel?

Fleisch- oder Pflanzenfresser?

> Hier ist Platz
>
> für ein Bild von dir.
>
> Klebst du keines ein,
>
> werde ich ein richtig
>
> fieses finden und
>
> für dich einkleben.

Hast du einen grünen Daumen?

Kennst du noch Flitze Feuerzahn oder Grisu? Wenn ja, wen magst du lieber?

Schmierst du Butter unter die Leberwurst?

Bist du eher ein Spießer oder ausgeflippt?

Bist du handwerklich begabt?

Belege deine Pizza:

Dein gemaltes Bild für mich (lege ein Blatt unter, falls du Filzstifte nimmst):

Wie viele Schuhe besitzt du?

Gehst du lieber einen kurzen steinigen oder einen langen gemütlichen Weg?

Hast du ein unnötiges Zeitungsabo?

Deine aktuelle Haarfarbe?

Welche Eigenschaften hast du aus der Jugend übernommen?

Legst du bei Werbeanrufen auf oder hörst du dir an, was angeboten wird?

Was gibst du mir mit für die Zukunft?

Name: Heutiges Datum:

Geburtstag:

Bist du verheiratet?

Hast du Kinder? Wenn nicht, möchtest du welche?

Was wolltest du als Kind werden und warum?

Welche ist deine persönliche Sucht:

Was ist dein Lebensmotto:

Lieblingsfarbe:

Tee oder Kaffee:

Lieblingsbuch: Fahrstuhl oder Treppe:

Zelten oder Hotel?

Fleisch- oder Pflanzenfresser?

> Hier ist Platz für ein Bild von dir. Klebst du keines ein, werde ich ein richtig fieses finden und für dich einkleben.

Hast du einen grünen Daumen?

Kennst du noch Flitze Feuerzahn oder Grisu? Wenn ja, wen magst du lieber?

Schmierst du Butter unter die Leberwurst?

Bist du eher ein Spießer oder ausgeflippt?

Bist du handwerklich begabt?

Belege deine Pizza:

Dein gemaltes Bild für mich (lege ein Blatt unter, falls du Filzstifte nimmst):

Wie viele Schuhe besitzt du?

Gehst du lieber einen kurzen steinigen oder einen langen gemütlichen Weg?

Hast du ein unnötiges Zeitungsabo?

Deine aktuelle Haarfarbe?

Welche Eigenschaften hast du aus der Jugend übernommen?

Legst du bei Werbeanrufen auf oder hörst du dir an, was angeboten wird?

Was gibst du mir mit für die Zukunft?

Name: Heutiges Datum:

Geburtstag:

Bist du verheiratet?

Hast du Kinder? Wenn nicht, möchtest du welche?

Was wolltest du als Kind werden und warum?

Welche ist deine persönliche Sucht:

Was ist dein Lebensmotto:

Lieblingsfarbe:

Tee oder Kaffee:

Lieblingsbuch: Fahrstuhl oder Treppe:

Zelten oder Hotel?

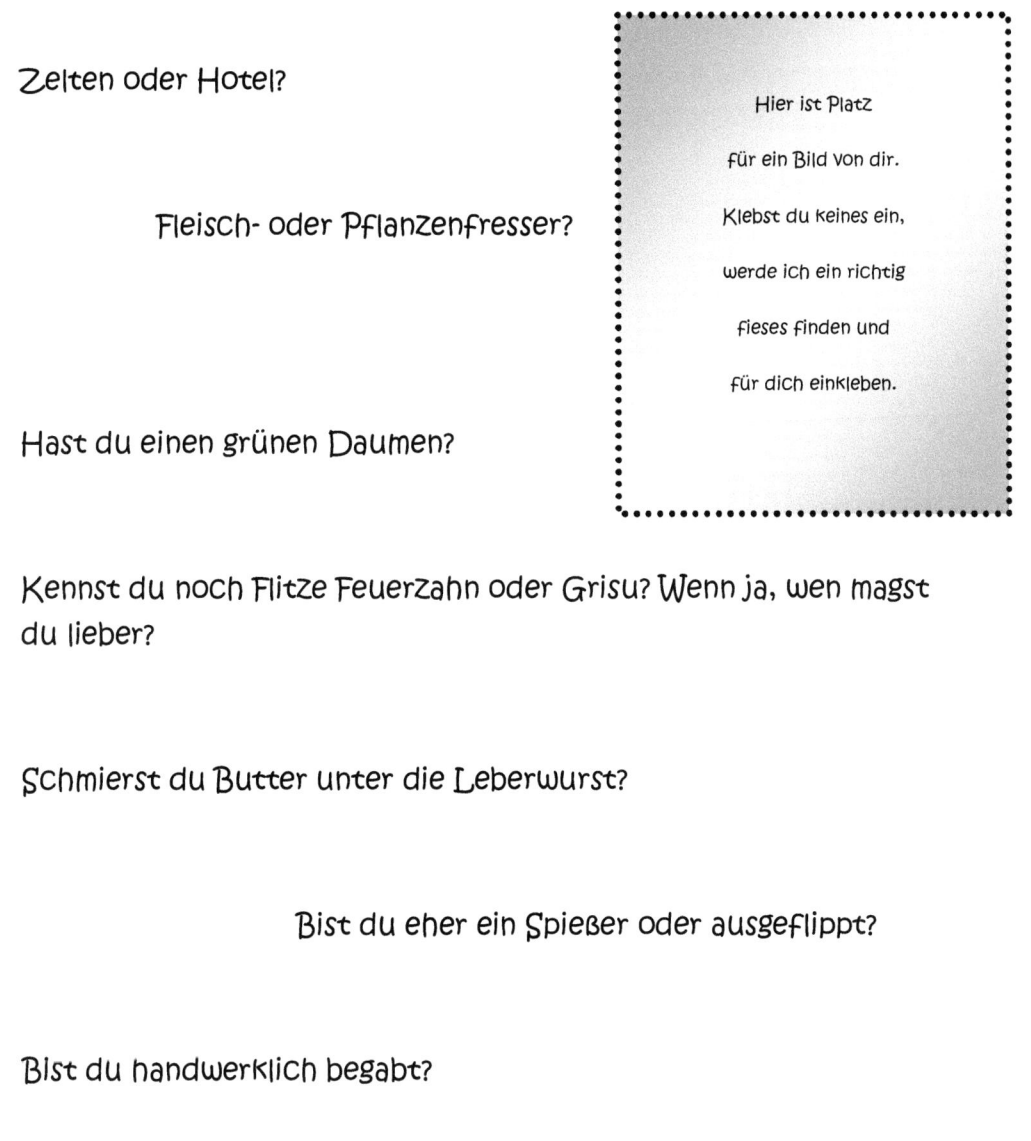

Hier ist Platz für ein Bild von dir. Klebst du keines ein, werde ich ein richtig fieses finden und für dich einkleben.

Fleisch- oder Pflanzenfresser?

Hast du einen grünen Daumen?

Kennst du noch Flitze Feuerzahn oder Grisu? Wenn ja, wen magst du lieber?

Schmierst du Butter unter die Leberwurst?

Bist du eher ein Spießer oder ausgeflippt?

Bist du handwerklich begabt?

Belege deine Pizza:

Dein gemaltes Bild für mich (lege ein Blatt unter, falls du Filzstifte nimmst):

Wie viele Schuhe besitzt du?

Gehst du lieber einen kurzen steinigen oder einen langen gemütlichen Weg?

Hast du ein unnötiges Zeitungsabo?

Deine aktuelle Haarfarbe?

Welche Eigenschaften hast du aus der Jugend übernommen?

Legst du bei Werbeanrufen auf oder hörst du dir an, was angeboten wird?

Was gibst du mir mit für die Zukunft?

Name: Heutiges Datum:

Geburtstag:

Bist du verheiratet?

Hast du Kinder? Wenn nicht, möchtest du welche?

Was wolltest du als Kind werden und warum?

Welche ist deine persönliche Sucht:

Was ist dein Lebensmotto:

Lieblingsfarbe:

Tee oder Kaffee:

Lieblingsbuch: Fahrstuhl oder Treppe:

Zelten oder Hotel?

Fleisch- oder Pflanzenfresser?

> Hier ist Platz für ein Bild von dir. Klebst du keines ein, werde ich ein richtig fieses finden und für dich einkleben.

Hast du einen grünen Daumen?

Kennst du noch Flitze Feuerzahn oder Grisu? Wenn ja, wen magst du lieber?

Schmierst du Butter unter die Leberwurst?

Bist du eher ein Spießer oder ausgeflippt?

Bist du handwerklich begabt?

Belege deine Pizza:

Dein gemaltes Bild für mich (lege ein Blatt unter, falls du Filzstifte nimmst):

Wie viele Schuhe besitzt du?

Gehst du lieber einen kurzen steinigen oder einen langen gemütlichen Weg?

Hast du ein unnötiges Zeitungsabo?

Deine aktuelle Haarfarbe?

Welche Eigenschaften hast du aus der Jugend übernommen?

Legst du bei Werbeanrufen auf oder hörst du dir an, was angeboten wird?

Was gibst du mir mit für die Zukunft?

Name: Heutiges Datum:

Geburtstag:

Bist du verheiratet?

Hast du Kinder? Wenn nicht, möchtest du welche?

Was wolltest du als Kind werden und warum?

Welche ist deine persönliche Sucht:

Was ist dein Lebensmotto:

Lieblingsfarbe:

Tee oder Kaffee:

Lieblingsbuch: Fahrstuhl oder Treppe:

Zelten oder Hotel?

Fleisch- oder Pflanzenfresser?

> Hier ist Platz
>
> für ein Bild von dir.
>
> Klebst du keines ein,
>
> werde ich ein richtig
>
> fieses finden und
>
> für dich einkleben.

Hast du einen grünen Daumen?

Kennst du noch Flitze Feuerzahn oder Grisu? Wenn ja, wen magst du lieber?

Schmierst du Butter unter die Leberwurst?

Bist du eher ein Spießer oder ausgeflippt?

Bist du handwerklich begabt?

Belege deine Pizza:

Dein gemaltes Bild für mich (lege ein Blatt unter, falls du Filzstifte nimmst):

Wie viele Schuhe besitzt du?

Gehst du lieber einen kurzen steinigen oder einen langen gemütlichen Weg?

Hast du ein unnötiges Zeitungsabo?

Deine aktuelle Haarfarbe?

Welche Eigenschaften hast du aus der Jugend übernommen?

Legst du bei Werbeanrufen auf oder hörst du dir an, was angeboten wird?

Was gibst du mir mit für die Zukunft?

Name: Heutiges Datum:

Geburtstag:

Bist du verheiratet?

Hast du Kinder? Wenn nicht, möchtest du welche?

Was wolltest du als Kind werden und warum?

Welche ist deine persönliche Sucht:

Was ist dein Lebensmotto:

Lieblingsfarbe:

Tee oder Kaffee:

Lieblingsbuch: Fahrstuhl oder Treppe:

Zelten oder Hotel?

Fleisch- oder Pflanzenfresser?

> Hier ist Platz
>
> für ein Bild von dir.
>
> Klebst du keines ein,
>
> werde ich ein richtig
>
> fieses finden und
>
> für dich einkleben.

Hast du einen grünen Daumen?

Kennst du noch Flitze Feuerzahn oder Grisu? Wenn ja, wen magst du lieber?

Schmierst du Butter unter die Leberwurst?

Bist du eher ein Spießer oder ausgeflippt?

Bist du handwerklich begabt?

Belege deine Pizza:

Dein gemaltes Bild für mich (lege ein Blatt unter, falls du Filzstifte nimmst):

Wie viele Schuhe besitzt du?

Gehst du lieber einen kurzen steinigen oder einen langen gemütlichen Weg?

Hast du ein unnötiges Zeitungsabo?

Deine aktuelle Haarfarbe?

Welche Eigenschaften hast du aus der Jugend übernommen?

Legst du bei Werbeanrufen auf oder hörst du dir an, was angeboten wird?

Was gibst du mir mit für die Zukunft?

Name: Heutiges Datum:

Geburtstag:

Bist du verheiratet?

Hast du Kinder? Wenn nicht, möchtest du welche?

Was wolltest du als Kind werden und warum?

Welche ist deine persönliche Sucht:

Was ist dein Lebensmotto:

Lieblingsfarbe:

                              Tee oder Kaffee:

Lieblingsbuch: Fahrstuhl oder Treppe:

Zelten oder Hotel?

Fleisch- oder Pflanzenfresser?

> Hier ist Platz für ein Bild von dir. Klebst du keines ein, werde ich ein richtig fieses finden und für dich einkleben.

Hast du einen grünen Daumen?

Kennst du noch Flitze Feuerzahn oder Grisu? Wenn ja, wen magst du lieber?

Schmierst du Butter unter die Leberwurst?

Bist du eher ein Spießer oder ausgeflippt?

Bist du handwerklich begabt?

Belege deine Pizza:

Dein gemaltes Bild für mich (lege ein Blatt unter, falls du Filzstifte nimmst):

Wie viele Schuhe besitzt du?

Gehst du lieber einen kurzen steinigen oder einen langen gemütlichen Weg?

Hast du ein unnötiges Zeitungsabo?

Deine aktuelle Haarfarbe?

Welche Eigenschaften hast du aus der Jugend übernommen?

Legst du bei Werbeanrufen auf oder hörst du dir an, was angeboten wird?

Was gibst du mir mit für die Zukunft?

Name: Heutiges Datum:

Geburtstag:

Bist du verheiratet?

Hast du Kinder? Wenn nicht, möchtest du welche?

Was wolltest du als Kind werden und warum?

Welche ist deine persönliche Sucht:

Was ist dein Lebensmotto:

Lieblingsfarbe:

Tee oder Kaffee:

Lieblingsbuch: Fahrstuhl oder Treppe:

Zelten oder Hotel?

> Hier ist Platz
>
> für ein Bild von dir.
>
> Klebst du keines ein,
>
> werde ich ein richtig
>
> fieses finden und
>
> für dich einkleben.

Fleisch- oder Pflanzenfresser?

Hast du einen grünen Daumen?

Kennst du noch Flitze Feuerzahn oder Grisu? Wenn ja, wen magst du lieber?

Schmierst du Butter unter die Leberwurst?

Bist du eher ein Spießer oder ausgeflippt?

Bist du handwerklich begabt?

Belege deine Pizza:

Dein gemaltes Bild für mich (lege ein Blatt unter, falls du Filzstifte nimmst):

Wie viele Schuhe besitzt du?

Gehst du lieber einen kurzen steinigen oder einen langen gemütlichen Weg?

Hast du ein unnötiges Zeitungsabo?

Deine aktuelle Haarfarbe?

Welche Eigenschaften hast du aus der Jugend übernommen?

Legst du bei Werbeanrufen auf oder hörst du dir an, was angeboten wird?

Was gibst du mir mit für die Zukunft?

Name: Heutiges Datum:

Geburtstag:

Bist du verheiratet?

Hast du Kinder? Wenn nicht, möchtest du welche?

Was wolltest du als Kind werden und warum?

Welche ist deine persönliche Sucht:

Was ist dein Lebensmotto:

Lieblingsfarbe:

Tee oder Kaffee:

Lieblingsbuch: Fahrstuhl oder Treppe:

Zelten oder Hotel?

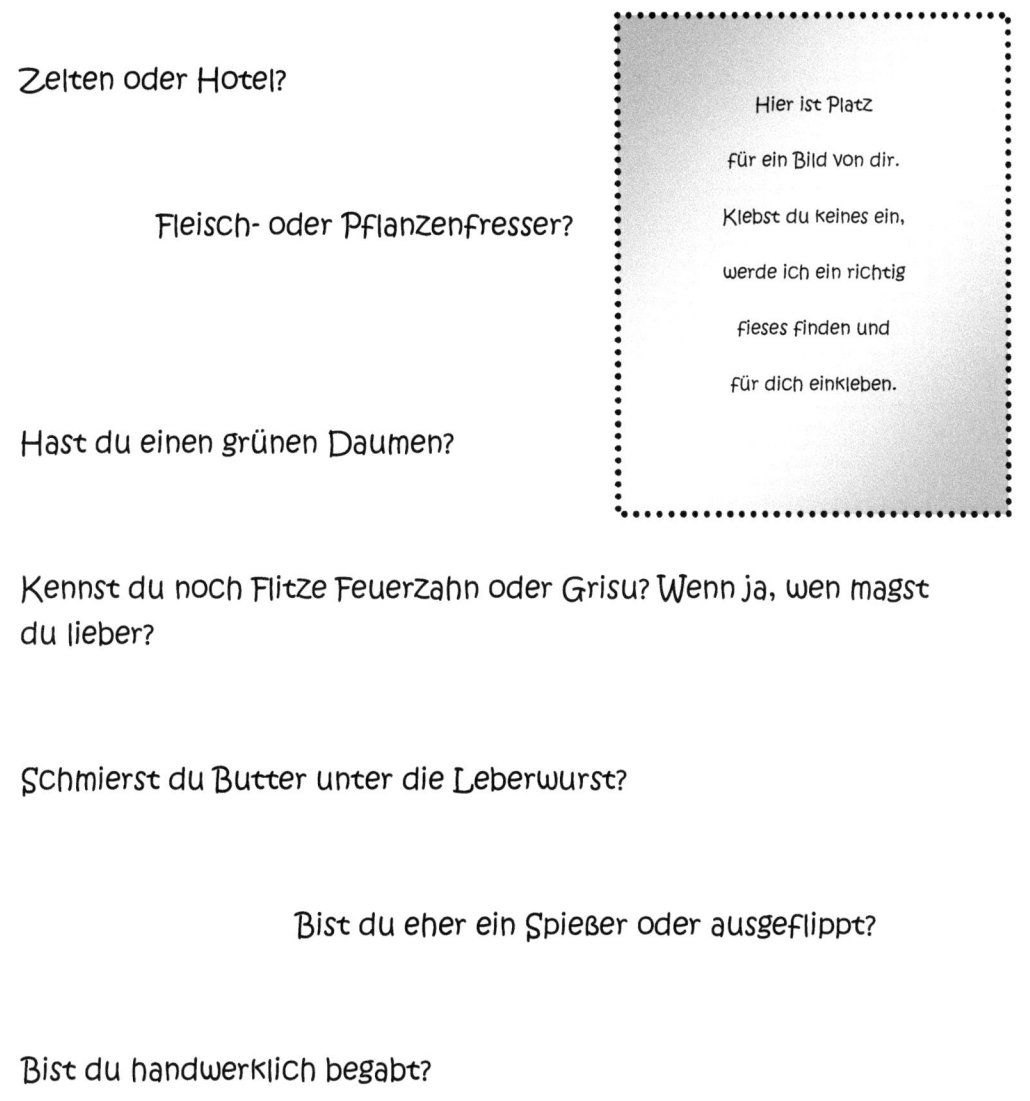

Hier ist Platz für ein Bild von dir. Klebst du keines ein, werde ich ein richtig fieses finden und für dich einkleben.

Fleisch- oder Pflanzenfresser?

Hast du einen grünen Daumen?

Kennst du noch Flitze Feuerzahn oder Grisu? Wenn ja, wen magst du lieber?

Schmierst du Butter unter die Leberwurst?

Bist du eher ein Spießer oder ausgeflippt?

Bist du handwerklich begabt?

Belege deine Pizza:

Dein gemaltes Bild für mich (lege ein Blatt unter, falls du Filzstifte nimmst):

Wie viele Schuhe besitzt du?

Gehst du lieber einen kurzen steinigen oder einen langen gemütlichen Weg?

Hast du ein unnötiges Zeitungsabo?

Deine aktuelle Haarfarbe?

Welche Eigenschaften hast du aus der Jugend übernommen?

Legst du bei Werbeanrufen auf oder hörst du dir an, was angeboten wird?

Was gibst du mir mit für die Zukunft?

Name: Heutiges Datum:

Geburtstag:

Bist du verheiratet?

Hast du Kinder? Wenn nicht, möchtest du welche?

Was wolltest du als Kind werden und warum?

Welche ist deine persönliche Sucht:

Was ist dein Lebensmotto:

Lieblingsfarbe:

Tee oder Kaffee:

Lieblingsbuch: Fahrstuhl oder Treppe:

Zelten oder Hotel?

Fleisch- oder Pflanzenfresser?

> Hier ist Platz für ein Bild von dir. Klebst du keines ein, werde ich ein richtig fieses finden und für dich einkleben.

Hast du einen grünen Daumen?

Kennst du noch Flitze Feuerzahn oder Grisu? Wenn ja, wen magst du lieber?

Schmierst du Butter unter die Leberwurst?

Bist du eher ein Spießer oder ausgeflippt?

Bist du handwerklich begabt?

Belege deine Pizza:

Dein gemaltes Bild für mich (lege ein Blatt unter, falls du Filzstifte nimmst):

Wie viele Schuhe besitzt du?

Gehst du lieber einen kurzen steinigen oder einen langen gemütlichen Weg?

Hast du ein unnötiges Zeitungsabo?

Deine aktuelle Haarfarbe?

Welche Eigenschaften hast du aus der Jugend übernommen?

Legst du bei Werbeanrufen auf oder hörst du dir an, was angeboten wird?

Was gibst du mir mit für die Zukunft?

Name: Heutiges Datum:

Geburtstag:

Bist du verheiratet?

Hast du Kinder? Wenn nicht, möchtest du welche?

Was wolltest du als Kind werden und warum?

Welche ist deine persönliche Sucht:

Was ist dein Lebensmotto:

Lieblingsfarbe:

Tee oder Kaffee:

Lieblingsbuch: Fahrstuhl oder Treppe:

Zelten oder Hotel?

Fleisch- oder Pflanzenfresser?

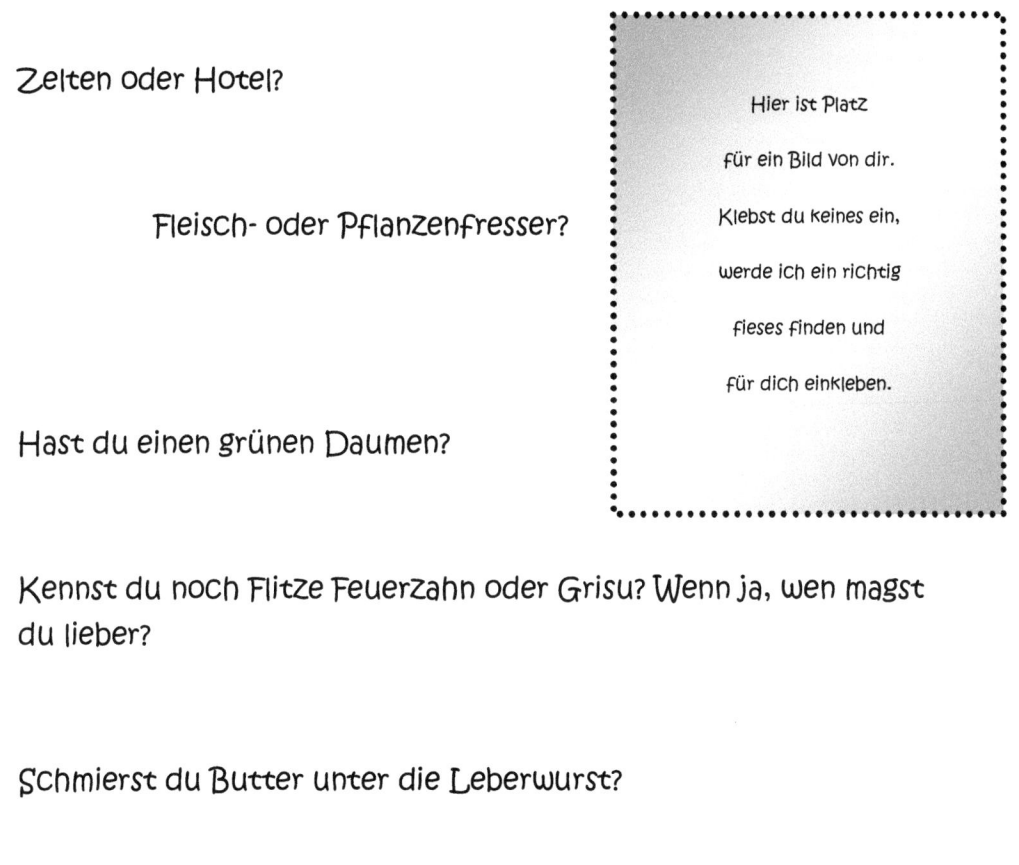

Hier ist Platz für ein Bild von dir. Klebst du keines ein, werde ich ein richtig fieses finden und für dich einkleben.

Hast du einen grünen Daumen?

Kennst du noch Flitze Feuerzahn oder Grisu? Wenn ja, wen magst du lieber?

Schmierst du Butter unter die Leberwurst?

Bist du eher ein Spießer oder ausgeflippt?

Bist du handwerklich begabt?

Belege deine Pizza:

Dein gemaltes Bild für mich (lege ein Blatt unter, falls du Filzstifte nimmst):

Wie viele Schuhe besitzt du?

Gehst du lieber einen kurzen steinigen oder einen langen gemütlichen Weg?

Hast du ein unnötiges Zeitungsabo?

Deine aktuelle Haarfarbe?

Welche Eigenschaften hast du aus der Jugend übernommen?

Legst du bei Werbeanrufen auf oder hörst du dir an, was angeboten wird?

Was gibst du mir mit für die Zukunft?

Name: Heutiges Datum:

Geburtstag:

Bist du verheiratet?

Hast du Kinder? Wenn nicht, möchtest du welche?

Was wolltest du als Kind werden und warum?

Welche ist deine persönliche Sucht:

Was ist dein Lebensmotto:

Lieblingsfarbe:

Tee oder Kaffee:

Lieblingsbuch: Fahrstuhl oder Treppe:

Zelten oder Hotel?

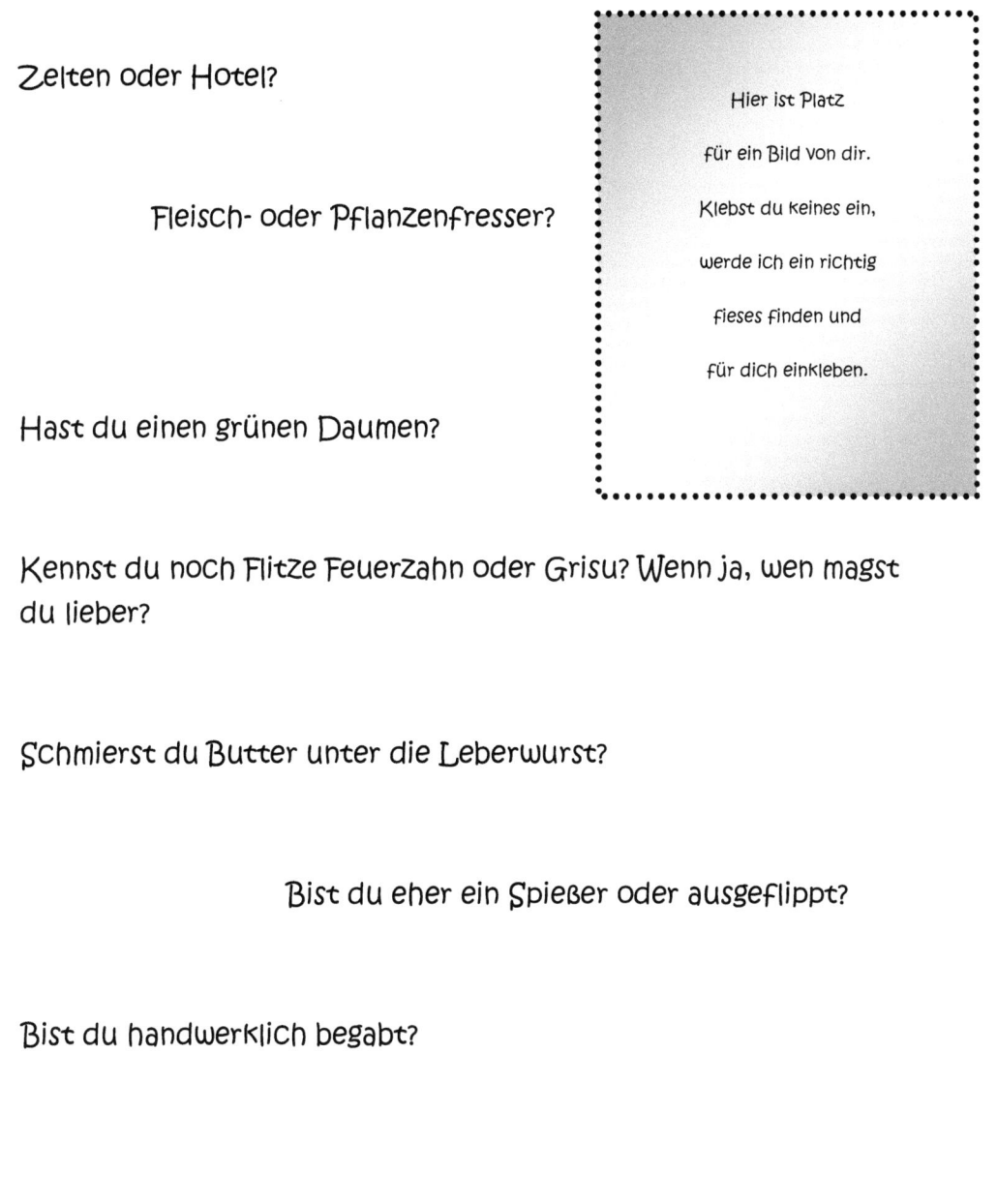

Hier ist Platz für ein Bild von dir. Klebst du keines ein, werde ich ein richtig fieses finden und für dich einkleben.

Fleisch- oder Pflanzenfresser?

Hast du einen grünen Daumen?

Kennst du noch Flitze Feuerzahn oder Grisu? Wenn ja, wen magst du lieber?

Schmierst du Butter unter die Leberwurst?

Bist du eher ein Spießer oder ausgeflippt?

Bist du handwerklich begabt?

Belege deine Pizza:

Dein gemaltes Bild für mich (lege ein Blatt unter, falls du Filzstifte nimmst):

Wie viele Schuhe besitzt du?

Gehst du lieber einen kurzen steinigen oder einen langen gemütlichen Weg?

Hast du ein unnötiges Zeitungsabo?

Deine aktuelle Haarfarbe?

Welche Eigenschaften hast du aus der Jugend übernommen?

Legst du bei Werbeanrufen auf oder hörst du dir an, was angeboten wird?

Was gibst du mir mit für die Zukunft?

Name: Heutiges Datum:

Geburtstag:

Bist du verheiratet?

Hast du Kinder? Wenn nicht, möchtest du welche?

Was wolltest du als Kind werden und warum?

Welche ist deine persönliche Sucht:

Was ist dein Lebensmotto:

Lieblingsfarbe:

Tee oder Kaffee:

Lieblingsbuch: Fahrstuhl oder Treppe:

Zelten oder Hotel?

> Hier ist Platz für ein Bild von dir. Klebst du keines ein, werde ich ein richtig fieses finden und für dich einkleben.

Fleisch- oder Pflanzenfresser?

Hast du einen grünen Daumen?

Kennst du noch Flitze Feuerzahn oder Grisu? Wenn ja, wen magst du lieber?

Schmierst du Butter unter die Leberwurst?

Bist du eher ein Spießer oder ausgeflippt?

Bist du handwerklich begabt?

Belege deine Pizza:

Dein gemaltes Bild für mich (lege ein Blatt unter, falls du Filzstifte nimmst):

Wie viele Schuhe besitzt du?

Gehst du lieber einen kurzen steinigen oder einen langen gemütlichen Weg?

Hast du ein unnötiges Zeitungsabo?

Deine aktuelle Haarfarbe?

Welche Eigenschaften hast du aus der Jugend übernommen?

Legst du bei Werbeanrufen auf oder hörst du dir an, was angeboten wird?

Was gibst du mir mit für die Zukunft?

Name:　　　　　　　　　　　Heutiges Datum:

Geburtstag:

Bist du verheiratet?

　　　　　　Hast du Kinder? Wenn nicht, möchtest du welche?

Was wolltest du als Kind werden und warum?

Welche ist deine persönliche Sucht:

　　　　　　　　Was ist dein Lebensmotto:

Lieblingsfarbe:

　　　　　　　　　　　Tee oder Kaffee:

Lieblingsbuch:　　　　　　　　　Fahrstuhl oder Treppe:

Zelten oder Hotel?

> Hier ist Platz für ein Bild von dir. Klebst du keines ein, werde ich ein richtig fieses finden und für dich einkleben.

Fleisch- oder Pflanzenfresser?

Hast du einen grünen Daumen?

Kennst du noch Flitze Feuerzahn oder Grisu? Wenn ja, wen magst du lieber?

Schmierst du Butter unter die Leberwurst?

Bist du eher ein Spießer oder ausgeflippt?

Bist du handwerklich begabt?

Belege deine Pizza:

Dein gemaltes Bild für mich (lege ein Blatt unter, falls du Filzstifte nimmst):

Wie viele Schuhe besitzt du?

Gehst du lieber einen kurzen steinigen oder einen langen gemütlichen Weg?

Hast du ein unnötiges Zeitungsabo?

Deine aktuelle Haarfarbe?

Welche Eigenschaften hast du aus der Jugend übernommen?

Legst du bei Werbeanrufen auf oder hörst du dir an, was angeboten wird?

Was gibst du mir mit für die Zukunft?

Name: Heutiges Datum:

Geburtstag:

Bist du verheiratet?

Hast du Kinder? Wenn nicht, möchtest du welche?

Was wolltest du als Kind werden und warum?

Welche ist deine persönliche Sucht:

Was ist dein Lebensmotto:

Lieblingsfarbe:

Tee oder Kaffee:

Lieblingsbuch: Fahrstuhl oder Treppe:

Zelten oder Hotel?

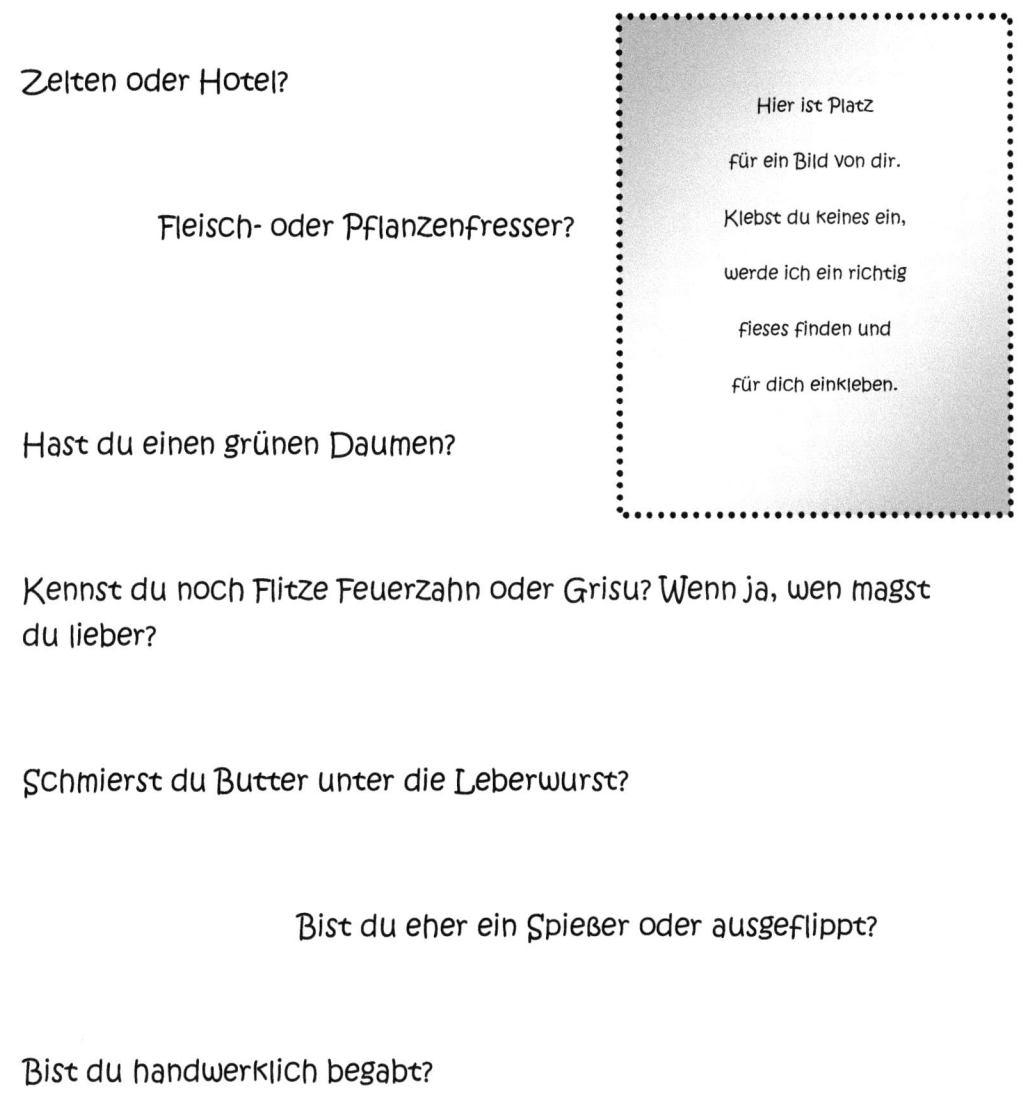

Hier ist Platz für ein Bild von dir. Klebst du keines ein, werde ich ein richtig fieses finden und für dich einkleben.

Fleisch- oder Pflanzenfresser?

Hast du einen grünen Daumen?

Kennst du noch Flitze Feuerzahn oder Grisu? Wenn ja, wen magst du lieber?

Schmierst du Butter unter die Leberwurst?

Bist du eher ein Spießer oder ausgeflippt?

Bist du handwerklich begabt?

Belege deine Pizza:

Dein gemaltes Bild für mich (lege ein Blatt unter, falls du Filzstifte nimmst):

Wie viele Schuhe besitzt du?

Gehst du lieber einen kurzen steinigen oder einen langen gemütlichen Weg?

Hast du ein unnötiges Zeitungsabo?

Deine aktuelle Haarfarbe?

Welche Eigenschaften hast du aus der Jugend übernommen?

Legst du bei Werbeanrufen auf oder hörst du dir an, was angeboten wird?

Was gibst du mir mit für die Zukunft?

Name: Heutiges Datum:

Geburtstag:

Bist du verheiratet?

Hast du Kinder? Wenn nicht, möchtest du welche?

Was wolltest du als Kind werden und warum?

Welche ist deine persönliche Sucht:

Was ist dein Lebensmotto:

Lieblingsfarbe:

Tee oder Kaffee:

Lieblingsbuch: Fahrstuhl oder Treppe:

Zelten oder Hotel?

Fleisch- oder Pflanzenfresser?

> Hier ist Platz
>
> für ein Bild von dir.
>
> Klebst du keines ein,
>
> werde ich ein richtig
>
> fieses finden und
>
> für dich einkleben.

Hast du einen grünen Daumen?

Kennst du noch Flitze Feuerzahn oder Grisu? Wenn ja, wen magst du lieber?

Schmierst du Butter unter die Leberwurst?

Bist du eher ein Spießer oder ausgeflippt?

Bist du handwerklich begabt?

Belege deine Pizza:

Dein gemaltes Bild für mich (lege ein Blatt unter, falls du Filzstifte nimmst):

Wie viele Schuhe besitzt du?

Gehst du lieber einen kurzen steinigen oder einen langen gemütlichen Weg?

Hast du ein unnötiges Zeitungsabo?

Deine aktuelle Haarfarbe?

Welche Eigenschaften hast du aus der Jugend übernommen?

Legst du bei Werbeanrufen auf oder hörst du dir an, was angeboten wird?

Was gibst du mir mit für die Zukunft?

Name: Heutiges Datum:

Geburtstag:

Bist du verheiratet?

Hast du Kinder? Wenn nicht, möchtest du welche?

Was wolltest du als Kind werden und warum?

Welche ist deine persönliche Sucht:

Was ist dein Lebensmotto:

Lieblingsfarbe:

Tee oder Kaffee:

Lieblingsbuch: Fahrstuhl oder Treppe:

Zelten oder Hotel?

Fleisch- oder Pflanzenfresser?

> Hier ist Platz für ein Bild von dir. Klebst du keines ein, werde ich ein richtig fieses finden und für dich einkleben.

Hast du einen grünen Daumen?

Kennst du noch Flitze Feuerzahn oder Grisu? Wenn ja, wen magst du lieber?

Schmierst du Butter unter die Leberwurst?

Bist du eher ein Spießer oder ausgeflippt?

Bist du handwerklich begabt?

Belege deine Pizza:

Dein gemaltes Bild für mich (lege ein Blatt unter, falls du Filzstifte nimmst):

Wie viele Schuhe besitzt du?

Gehst du lieber einen kurzen steinigen oder einen langen gemütlichen Weg?

Hast du ein unnötiges Zeitungsabo?

Deine aktuelle Haarfarbe?

Welche Eigenschaften hast du aus der Jugend übernommen?

Legst du bei Werbeanrufen auf oder hörst du dir an, was angeboten wird?

Was gibst du mir mit für die Zukunft?

Name: Heutiges Datum:

Geburtstag:

Bist du verheiratet?

Hast du Kinder? Wenn nicht, möchtest du welche?

Was wolltest du als Kind werden und warum?

Welche ist deine persönliche Sucht:

Was ist dein Lebensmotto:

Lieblingsfarbe:

Tee oder Kaffee:

Lieblingsbuch:

Fahrstuhl oder Treppe:

Zelten oder Hotel?

Fleisch- oder Pflanzenfresser?

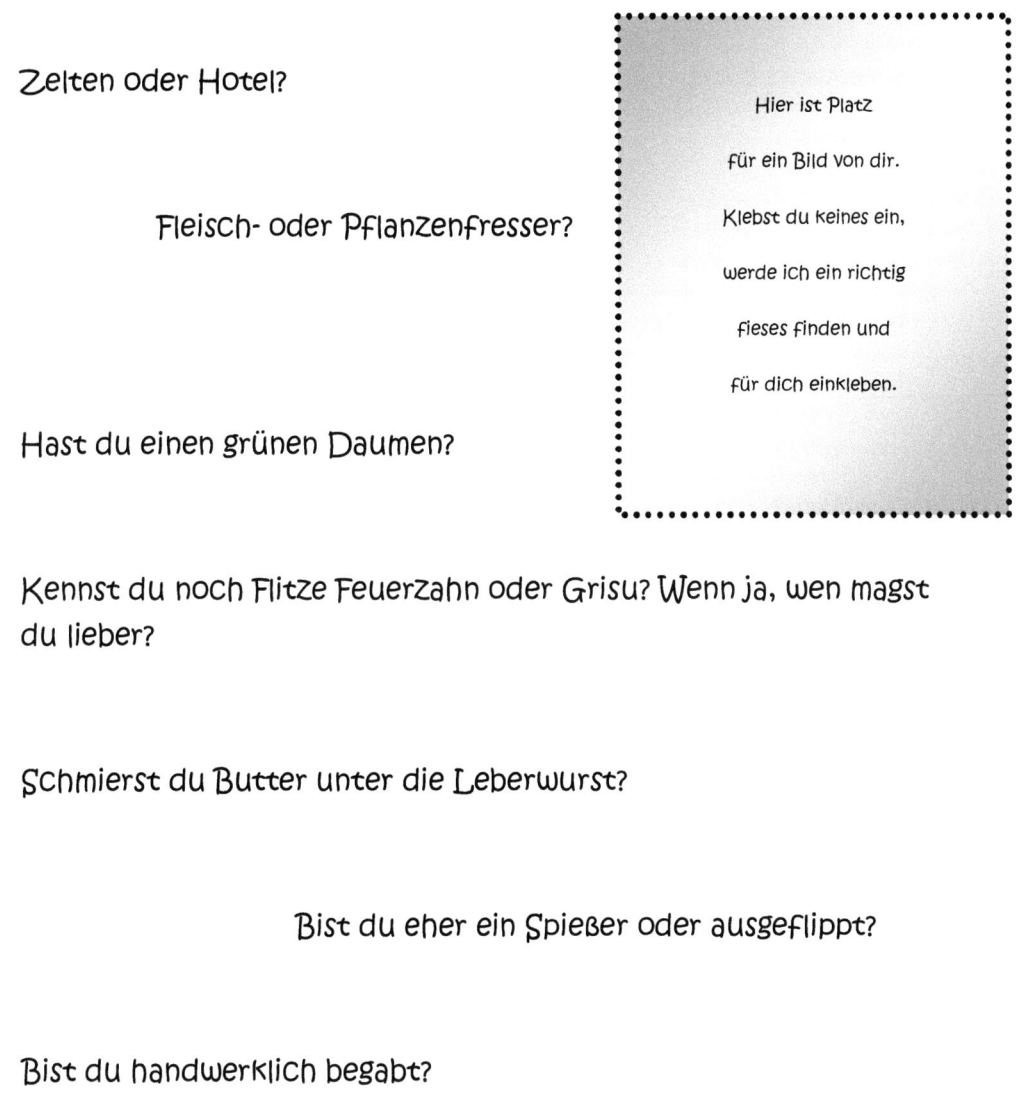

Hier ist Platz für ein Bild von dir. Klebst du keines ein, werde ich ein richtig fieses finden und für dich einkleben.

Hast du einen grünen Daumen?

Kennst du noch Flitze Feuerzahn oder Grisu? Wenn ja, wen magst du lieber?

Schmierst du Butter unter die Leberwurst?

Bist du eher ein Spießer oder ausgeflippt?

Bist du handwerklich begabt?

Belege deine Pizza:

Dein gemaltes Bild für mich (lege ein Blatt unter, falls du Filzstifte nimmst):

Wie viele Schuhe besitzt du?

Gehst du lieber einen kurzen steinigen oder einen langen gemütlichen Weg?

Hast du ein unnötiges Zeitungsabo?

Deine aktuelle Haarfarbe?

Welche Eigenschaften hast du aus der Jugend übernommen?

Legst du bei Werbeanrufen auf oder hörst du dir an, was angeboten wird?

Was gibst du mir mit für die Zukunft?

Name: Heutiges Datum:

Geburtstag:

Bist du verheiratet?

Hast du Kinder? Wenn nicht, möchtest du welche?

Was wolltest du als Kind werden und warum?

Welche ist deine persönliche Sucht:

Was ist dein Lebensmotto:

Lieblingsfarbe:

Tee oder Kaffee:

Lieblingsbuch: Fahrstuhl oder Treppe:

Zelten oder Hotel?

Fleisch- oder Pflanzenfresser?

> Hier ist Platz
>
> für ein Bild von dir.
>
> Klebst du keines ein,
>
> werde ich ein richtig
>
> fieses finden und
>
> für dich einkleben.

Hast du einen grünen Daumen?

Kennst du noch Flitze Feuerzahn oder Grisu? Wenn ja, wen magst du lieber?

Schmierst du Butter unter die Leberwurst?

Bist du eher ein Spießer oder ausgeflippt?

Bist du handwerklich begabt?

Belege deine Pizza:

Dein gemaltes Bild für mich (lege ein Blatt unter, falls du Filzstifte nimmst):

Wie viele Schuhe besitzt du?

Gehst du lieber einen kurzen steinigen oder einen langen gemütlichen Weg?

Hast du ein unnötiges Zeitungsabo?

Deine aktuelle Haarfarbe?

Welche Eigenschaften hast du aus der Jugend übernommen?

Legst du bei Werbeanrufen auf oder hörst du dir an, was angeboten wird?

Was gibst du mir mit für die Zukunft?

Name: Heutiges Datum:

Geburtstag:

Bist du verheiratet?

Hast du Kinder? Wenn nicht, möchtest du welche?

Was wolltest du als Kind werden und warum?

Welche ist deine persönliche Sucht:

Was ist dein Lebensmotto:

Lieblingsfarbe:

Tee oder Kaffee:

Lieblingsbuch: Fahrstuhl oder Treppe:

Zelten oder Hotel?

Fleisch- oder Pflanzenfresser?

> Hier ist Platz
>
> für ein Bild von dir.
>
> Klebst du keines ein,
>
> werde ich ein richtig
>
> fieses finden und
>
> für dich einkleben.

Hast du einen grünen Daumen?

Kennst du noch Flitze Feuerzahn oder Grisu? Wenn ja, wen magst du lieber?

Schmierst du Butter unter die Leberwurst?

Bist du eher ein Spießer oder ausgeflippt?

Bist du handwerklich begabt?

Belege deine Pizza:

Dein gemaltes Bild für mich (lege ein Blatt unter, falls du Filzstifte nimmst):

Wie viele Schuhe besitzt du?

Gehst du lieber einen kurzen steinigen oder einen langen gemütlichen Weg?

Hast du ein unnötiges Zeitungsabo?

Deine aktuelle Haarfarbe?

Welche Eigenschaften hast du aus der Jugend übernommen?

Legst du bei Werbeanrufen auf oder hörst du dir an, was angeboten wird?

Was gibst du mir mit für die Zukunft?

Name: Heutiges Datum:

Geburtstag:

Bist du verheiratet?

Hast du Kinder? Wenn nicht, möchtest du welche?

Was wolltest du als Kind werden und warum?

Welche ist deine persönliche Sucht:

Was ist dein Lebensmotto:

Lieblingsfarbe:

Tee oder Kaffee:

Lieblingsbuch: Fahrstuhl oder Treppe:

Zelten oder Hotel?

Fleisch- oder Pflanzenfresser?

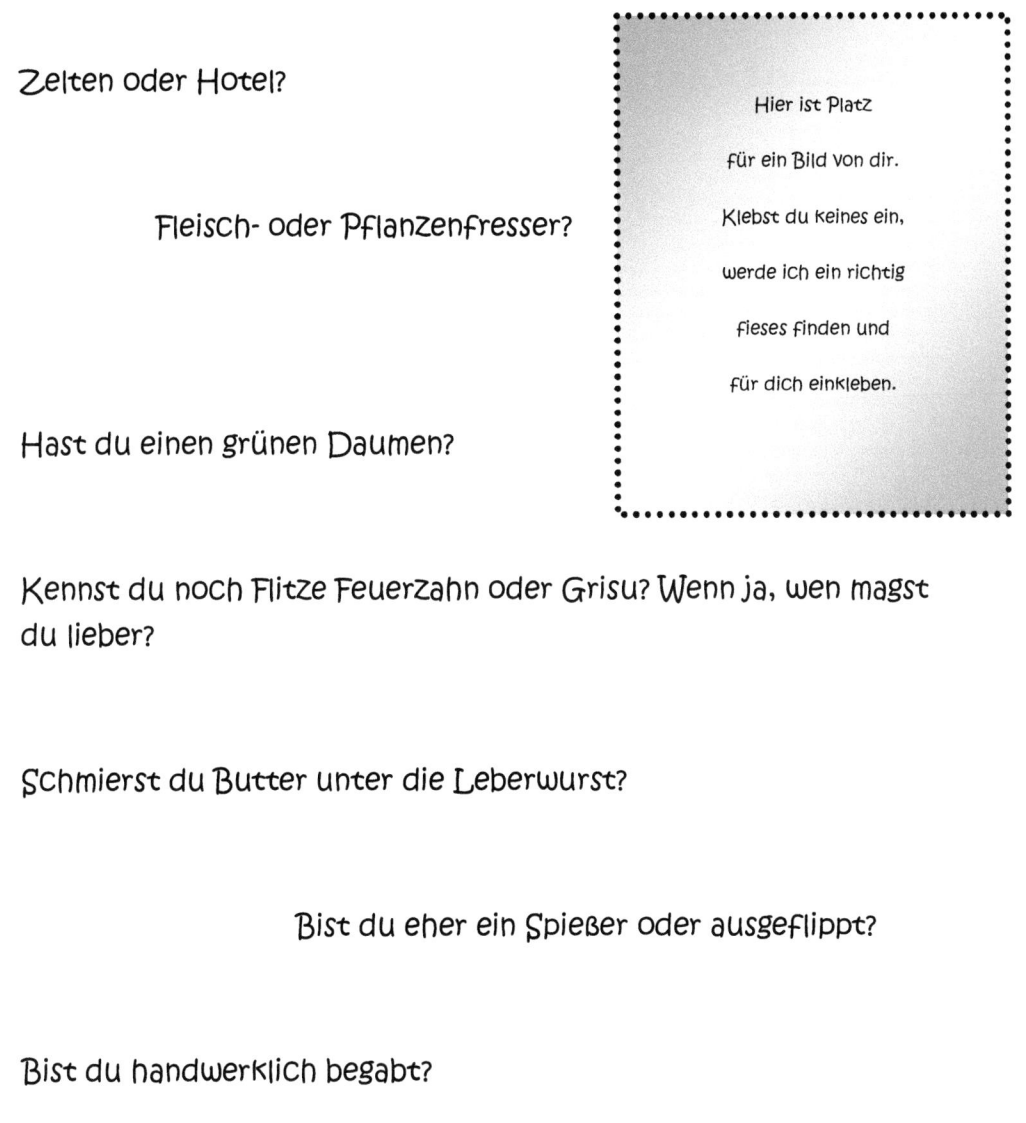

Hier ist Platz für ein Bild von dir. Klebst du keines ein, werde ich ein richtig fieses finden und für dich einkleben.

Hast du einen grünen Daumen?

Kennst du noch Flitze Feuerzahn oder Grisu? Wenn ja, wen magst du lieber?

Schmierst du Butter unter die Leberwurst?

Bist du eher ein Spießer oder ausgeflippt?

Bist du handwerklich begabt?

Belege deine Pizza:

Dein gemaltes Bild für mich (lege ein Blatt unter, falls du Filzstifte nimmst):

Wie viele Schuhe besitzt du?

Gehst du lieber einen kurzen steinigen oder einen langen gemütlichen Weg?

Hast du ein unnötiges Zeitungsabo?

Deine aktuelle Haarfarbe?

Welche Eigenschaften hast du aus der Jugend übernommen?

Legst du bei Werbeanrufen auf oder hörst du dir an, was angeboten wird?

Was gibst du mir mit für die Zukunft?

Name: Heutiges Datum:

Geburtstag:

Bist du verheiratet?

Hast du Kinder? Wenn nicht, möchtest du welche?

Was wolltest du als Kind werden und warum?

Welche ist deine persönliche Sucht:

Was ist dein Lebensmotto:

Lieblingsfarbe:

Tee oder Kaffee:

Lieblingsbuch: Fahrstuhl oder Treppe:

Zelten oder Hotel?

> Hier ist Platz für ein Bild von dir. Klebst du keines ein, werde ich ein richtig fieses finden und für dich einkleben.

Fleisch- oder Pflanzenfresser?

Hast du einen grünen Daumen?

Kennst du noch Flitze Feuerzahn oder Grisu? Wenn ja, wen magst du lieber?

Schmierst du Butter unter die Leberwurst?

Bist du eher ein Spießer oder ausgeflippt?

Bist du handwerklich begabt?

Belege deine Pizza:

Dein gemaltes Bild für mich (lege ein Blatt unter, falls du Filzstifte nimmst):

Wie viele Schuhe besitzt du?

Gehst du lieber einen kurzen steinigen oder einen langen gemütlichen Weg?

Hast du ein unnötiges Zeitungsabo?

Deine aktuelle Haarfarbe?

Welche Eigenschaften hast du aus der Jugend übernommen?

Legst du bei Werbeanrufen auf oder hörst du dir an, was angeboten wird?

Was gibst du mir mit für die Zukunft?

Name: Heutiges Datum:

Geburtstag:

Bist du verheiratet?

Hast du Kinder? Wenn nicht, möchtest du welche?

Was wolltest du als Kind werden und warum?

Welche ist deine persönliche Sucht:

Was ist dein Lebensmotto:

Lieblingsfarbe:

Tee oder Kaffee:

Lieblingsbuch: Fahrstuhl oder Treppe:

Zelten oder Hotel?

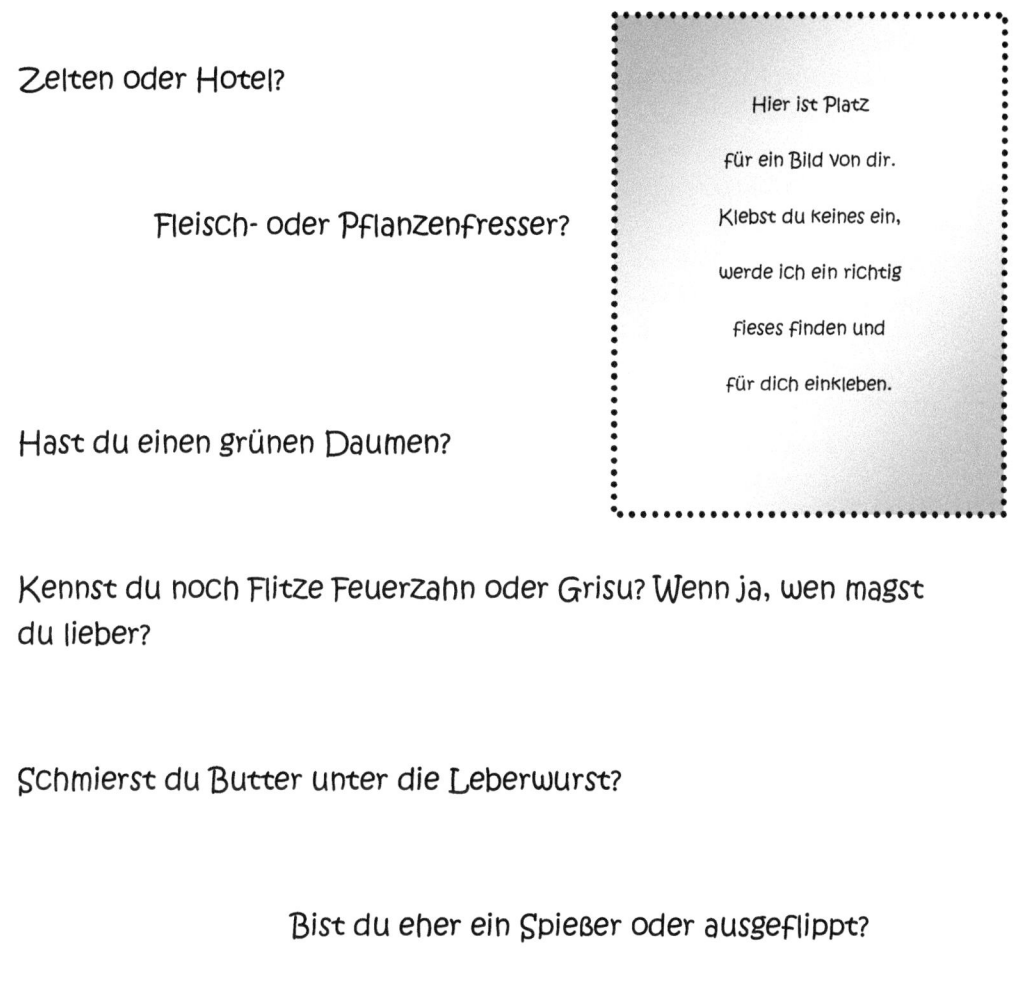

Hier ist Platz für ein Bild von dir. Klebst du keines ein, werde ich ein richtig fieses finden und für dich einkleben.

Fleisch- oder Pflanzenfresser?

Hast du einen grünen Daumen?

Kennst du noch Flitze Feuerzahn oder Grisu? Wenn ja, wen magst du lieber?

Schmierst du Butter unter die Leberwurst?

Bist du eher ein Spießer oder ausgeflippt?

Bist du handwerklich begabt?

Belege deine Pizza:

Dein gemaltes Bild für mich (lege ein Blatt unter, falls du Filzstifte nimmst):

Wie viele Schuhe besitzt du?

Gehst du lieber einen kurzen steinigen oder einen langen gemütlichen Weg?

Hast du ein unnötiges Zeitungsabo?

Deine aktuelle Haarfarbe?

Welche Eigenschaften hast du aus der Jugend übernommen?

Legst du bei Werbeanrufen auf oder hörst du dir an, was angeboten wird?

Was gibst du mir mit für die Zukunft?

Name:　　　　　　　　　　　Heutiges Datum:

Geburtstag:

Bist du verheiratet?

Hast du Kinder? Wenn nicht, möchtest du welche?

Was wolltest du als Kind werden und warum?

Welche ist deine persönliche Sucht:

Was ist dein Lebensmotto:

Lieblingsfarbe:

Tee oder Kaffee:

Lieblingsbuch:　　　　　　　　Fahrstuhl oder Treppe:

Zelten oder Hotel?

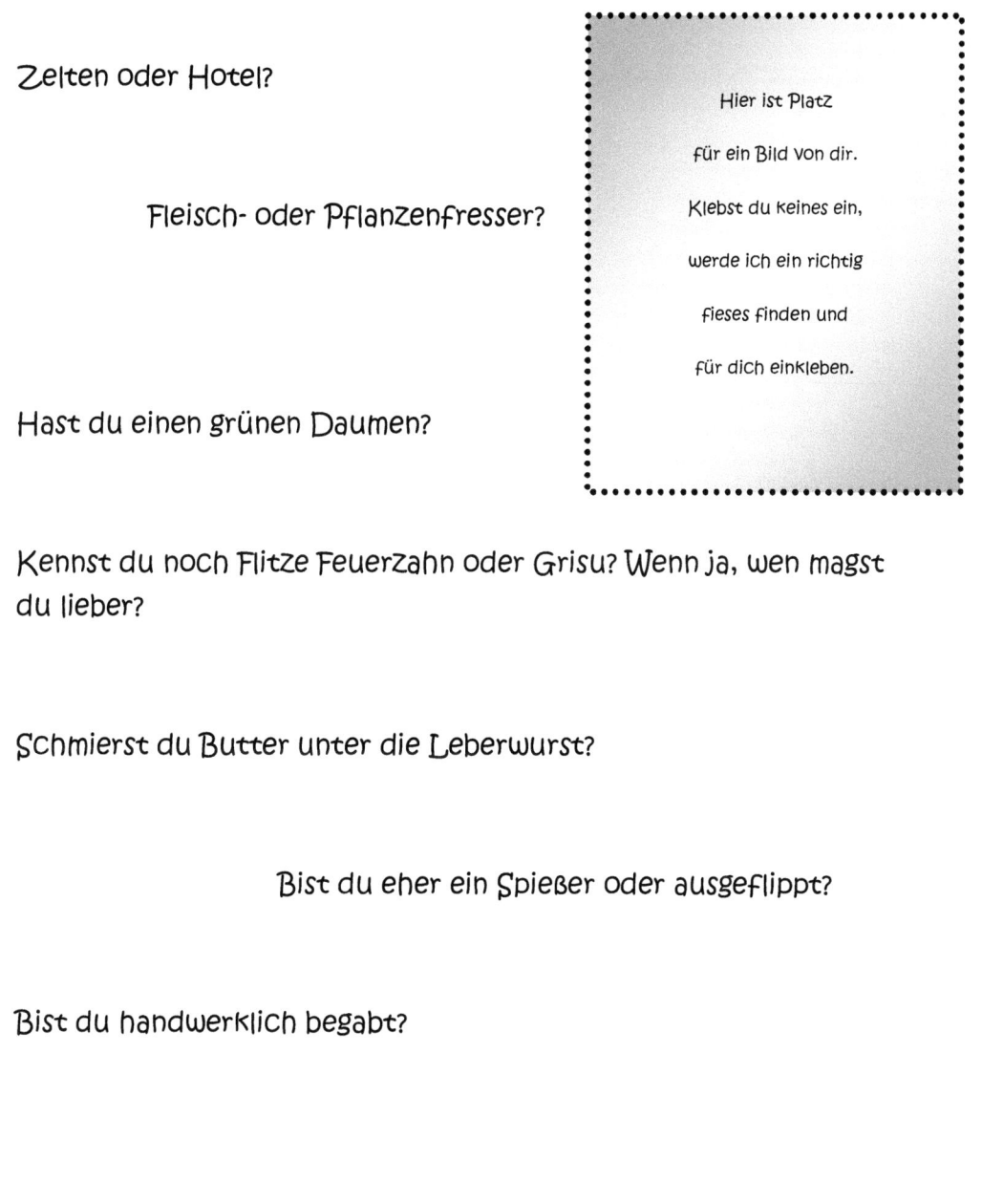

Hier ist Platz für ein Bild von dir. Klebst du keines ein, werde ich ein richtig fieses finden und für dich einkleben.

Fleisch- oder Pflanzenfresser?

Hast du einen grünen Daumen?

Kennst du noch Flitze Feuerzahn oder Grisu? Wenn ja, wen magst du lieber?

Schmierst du Butter unter die Leberwurst?

Bist du eher ein Spießer oder ausgeflippt?

Bist du handwerklich begabt?

Belege deine Pizza:

Dein gemaltes Bild für mich (lege ein Blatt unter, falls du Filzstifte nimmst):

Wie viele Schuhe besitzt du?

Gehst du lieber einen kurzen steinigen oder einen langen gemütlichen Weg?

Hast du ein unnötiges Zeitungsabo?

Deine aktuelle Haarfarbe?

Welche Eigenschaften hast du aus der Jugend übernommen?

Legst du bei Werbeanrufen auf oder hörst du dir an, was angeboten wird?

Was gibst du mir mit für die Zukunft?

Weitere Werke von mir:

Mach Mich Serie:

- **Mach Mich – Mach Dich – POSITIV** - Das positive Aktiv Buch für Erwachsene
- **Mach Mich – Mach Dich – FUNNY** - Das lustige Aktiv Buch für Erwachsene
- **Mach Mich – Mach Dich – SELFIE** - Das etwas andere, lustige Fotoalbum

Schreib mir was Serie:

- **Schreib mir was** – Das etwas andere Freundschafts- und Erinnerungsbuch für Erwachsene
- **Leute - Schreibt mir was!** – Das Freundschafts- und Erinnerungsbuch für Jugendliche
- **Liebe Kollegen- schreibt mir was!** – Das Freunde- und Erinnerungsbuch für Arbeitskollegen
- **Schreib mir was zum Schulabschluss**– Das Freundschafts- und Erinnerungsbuch für Schulkameraden
- **Schreibt uns was zur Hochzeit**– Das Hochzeits-Gästebuch

Sonstige:

- **Das Haustier Freundschaftsbuch** – Auch Haustiere dürfen Freundschaftsbücher haben
- **Das Liebeskummer Erste Hilfe Buch** – Lustige & befreiende Aufgaben zur Überwindung des Liebeskummers

Danita-molina.jimdo.com

Bilder & Inhalt © Danita Molina

Herstellung und Verlag:
BoD - Books on Demand, Norderstedt
ISBN 978-3-7412-9579-9